新时代投资新趋势

道氏理论

精华笔记图文版

[美] **罗伯特·雷亚**（Robert Rhea）著　**诸葛金融**　编译

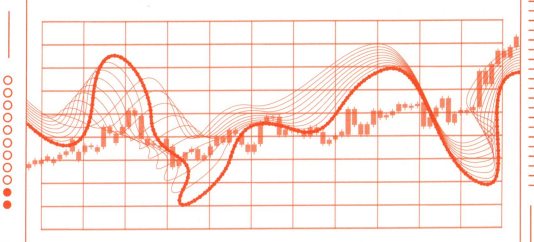

清华大学出版社
北京

内 容 简 介

道氏理论是股市投资理论的奠基之作，为现代技术分析和市场预测奠定了基础。罗伯特·雷亚的《道氏理论》是个体投资者版的道氏理论，是所有投资者的"枕边书"。雷亚在《道氏理论》中阐述了金融市场价格运动的理论框架、宏观经济与金融市场的相互关系以及个体投资者的交易手法。

本中文译本是《道氏理论》的专业图文解读版。译者按照雷亚的制图方法重绘了书中的图表以及道琼斯两种价格平均指数的日线图（1897—1925 年）。在此基础上，还根据雷亚的文字说明，绘制了道氏理论的重要技术原理图。在忠于原著的前提下，为帮助读者学以致用，本书使用 A 股的案例详细拆解了道氏理论的实战技法。

全书图文并茂，实战性强，适合 A 股、期货、外汇等市场的投资者阅读，并可以作为机构内部培训的教材。

本书封面贴有清华大学出版社防伪标签，无标签者不得销售。

版权所有，侵权必究。举报：010-62782989，beiqinquan@tup.tsinghua.edu.cn。

图书在版编目（CIP）数据

道氏理论：精华笔记图文版 /（美）罗伯特·雷亚 (Robert Rhea) 著；诸葛金融编译. 北京：清华大学出版社, 2025.4. --（新时代·投资新趋势）.
ISBN 978-7-302-68862-4

Ⅰ. F830.91

中国国家版本馆 CIP 数据核字第 2025MN2130 号

责任编辑：刘　洋
封面设计：徐　超
版式设计：张　姿
责任校对：宋玉莲
责任印制：刘　菲

出版发行：清华大学出版社
网　　址：https://www.tup.com.cn, https://www.wqxuetang.com
地　　址：北京清华大学学研大厦A座　　邮　编：100084
社 总 机：010-83470000　　邮　购：010-62786544
投稿与读者服务：010-62776969, c-service@tup.tsinghua.edu.cn
质 量 反 馈：010-62772015, zhiliang@tup.tsinghua.edu.cn

印 装 者：三河市东方印刷有限公司
经　　销：全国新华书店
开　　本：170mm×240mm　　印　张：14.75　　字　数：219 千字
版　　次：2025 年 6 月第 1 版　　印　次：2025 年 6 月第 1 次印刷
定　　价：69.00 元

产品编号：111903-01

献词

威廉·彼得·汉密尔顿

前《华尔街日报》主编,
他撰写的股票价格运动评论文章
帮助了许多读者成为成功的交易员。

总序
FOREWORD

华尔街没有新鲜事

100多年前，新大陆的美国从一个边缘的新兴国家，逐渐崛起为世界第一经济强国。在这个过程中，华尔街主导的美国证券市场在大国崛起红利的催生下，野蛮生长。20世纪初叶，作为新兴市场的美国股市，华尔街充斥着各种类型的投资者和形形色色的投机者。他们在大开大合的市场中充分博弈，股市毫无悬念地暴涨暴跌。新兴的美国与老欧洲不一样，新大陆充满了乐观的冒险精神。暴涨暴跌的股市丝毫没有影响公众的参与热情，很多社会精英人士也纷纷入场。

·华尔街三大经典理论

当时美国的精英人士，普遍拥有批判思维，并信奉科学主义。一些精英人士经过市场的捶打后，无论是源于"好研究"的科学精神，还是出于"获大利"的自私动机，开始以科学的方式研究股市，以期能够"解释过去和预测未来"。由此，华尔街诞生了三大经典理论，分别是道氏理论、艾略特波浪理论和江恩时空理论。

道氏理论是金融市场的奠基之作，怎么强调都不过分。罗伯特·雷亚的《道氏理论》是个体投资者版的道氏理论，是所有投资者的枕边书。作为一名成功的个体投资者，雷亚在《道氏理论》中阐述了金融市场价格运动的理论框架、宏观经济与金融市场的相互关系，以及个体投资者的交易手法。

如果说道氏理论以定性的方式描述、解释和预测股市的价格运动，艾略特波浪理论则是在道氏理论的基础上，试图以定量的方式描述纯粹的价格运动，并做出精确的解释和预测。因此，如果一名个体投资者既熟悉道氏理论，又略知艾略特波浪理论，将获得巨大的"工具优势"，通常能够相对精确地判断价格运动的轮廓，以及各种类型的价格拐点。

江恩时空理论是一种玄妙又精准的"神秘操盘术"，其中的只言片语往往都能够成为个体投资者的"独门绝技"。江恩在有生之年，并没有公开自己的时空理论，而是以"股市投资大师课"的形式闭门传授。多年以后，唯有当年课程的原始教材才能传道解惑。事实上，江恩勤于笔耕，他的著作堪称投机交易的百科全书。任何一名没有成见的投资者，在认真阅读过江恩的原著后，都会收获颇丰。

· 华尔街真的没有新鲜事

在三大经典理论的加持下，华尔街的内部人士重新诠释了华尔街最著名的一句话——"华尔街没有新鲜事"。

在华尔街内部人士看来，这句名言有两层意义。第一层是公众熟悉的老生常谈——华尔街没有新鲜事，因为投机交易像群山一样古老。这是《股票作手回忆录》开篇的第一句话，因华尔街大作手杰西·利佛摩尔的传奇故事而广为人知。但是，这层意义流于表面，是普通投资者人云亦云的正确废话（注：投机交易领域有大量的正确废话。这些正确的废话是普通投资者成长路上的毒鸡汤。）。第二层则是，华尔街的内部人士都知晓一个常识——三大理论已经破解了投机交易的秘密，华尔街真的没有新鲜事了。换句话说，看似古老的三大经典理论就跟群山一样，过去有效，现在有效，未来依然有效。

· 华尔街进入计算机时代

20世纪晚期，华尔街进入了计算机时代。在金融市场的技术分析领域，传统的纸质数据和纸质图表实现了即时性的电子化，全世界的投资者几乎同时看见完全一样的电子数据和电子图表；而计算机远超人类的数据处理能力，促使技术指标和K线图得到了广泛使用。

这是一个全新的交易时代，华尔街三大经典理论依然不动如山。新时代是个体投资者的福音，因为计算机技术大大降低了普通人学习和使用三大经典理论的门槛。任何一款交易软件中，基于三大经典理论的"工具包"随处可见。例如，"多品种叠加"对应了道氏理论的"相互验证"；"波浪尺"对应了艾略特波浪理论的斐波纳契数列；至于江恩时空理论，通常都专门开发了"江恩分析系统"。

需要注意的是，三大经典理论的共同点是趋势。技术指标是基于价格运动的"价、时、量"的数学处理，可以视为特殊的图表，其主要目的是为了过滤价格运动的杂讯，更好展示趋势特征，具有相对的确定性和滞后性。K线图是单位时间内重要价格的图形化，直观展示了多空双方的博弈过程和结果，能够最早提示趋势变化的信号。

·投资A股的正确认知

A股既不是所谓的"赌场"，也不是"伪价值投资者"的乐园。A股如同百年前的美国股市一样，是一个大国证券市场的新兴阶段。以全球金融史的记录为参照，A股不是一个例外的市场，而是一个中规中矩的市场，完全遵循证券市场的运行规律。

牛熊循环是金融市场的基本规律，股市通常几年都会出现一轮中等规模以上的牛熊循环。因此，任何一个人在其有生之年，都会经历三次以上的牛市，而三次正确的牛市操作，足以改变命运。但是，金融市场高收益的另一面是高风险，一次错误的熊市操作，同样也会导致巨额亏损。

江恩认为，投机交易（注：这里的投机交易是指在金融市场，试图通过买卖证券而获利的行为。）是一门有利可图的生意。在商业领域，任何一种低门槛的生意都意味着低成功率，成功者都需要掌握正确的专业知识和专业技能，以及一些运气。看似"零门槛"的股市投资，成功者更需要专业的学习和训练。

·A股投资者的"学—练—悟"

交易是投资者与市场的互动，正确的互动赚钱，错误的互动亏钱。因此，投资者需要学习三种知识，练成三个技能，以及建立一个信仰，这就是投资者的"学—练—悟"。

三种知识包括：①市场价格运动的模式和规律，以便解释和预测市场的价格运动，即通常意义的技术分析。②投资者与市场互动的交易行为，也称交易手法。这是投资者主动管控账户资金曲线的专业知识。③如何学习前两种知识，并把两种知识融会贯通，进而形成专业技能的知识，即训练方法。

三个技能包括：①读图技能，基于技术分析的知识，熟练分析价格运动和识别交易机会的能力。②选股技能，基于市场的阶段性特征，综合个股的技术面和基本面，筛选出强势股的能力。③交易技能，基于交易手法的知识，理性拟订和执行交易计划的能力。

对于A股的投资者来说，译者建议采用以下方法，快速完成"学—练—悟"。

首先要掌握A股的炒股软件，这是"学—练—悟"的工具。读者可以参阅《通达信公式编写》，快速从交易视角掌握A股的炒股软件。

交易进入计算机时代后，裸K线交易法成为了当代个体交易者的主流技术。读者可以参阅《裸K线技术分析与交易》，掌握要"学"的三种知识。

《炒股入门》以场景化的形式，复原了交易训练营的具体方法，是"练"三个技能的执行手册。

由于交易本质上是风险与收益的互换，存在巨大的不确定性。投资者即便学得认真，练得刻苦，实战中难免依旧心有惶恐，因此还得"悟"。"悟"就是反复阅读华尔街的三大经典理论，彻底熟悉市场的正常状态，以及可能的极端情形，从而坚信华尔街真的没有新鲜事。

诸葛金融

译者序
FOREWORD

《道氏理论：精华笔记图文版》的价值

在人类历史中，任何一个领域里的经典理论或经典著作的背后，都有一个精彩的故事。必然的，知晓故事的读者在学习和阅读的过程中，往往能够获得更大的收获。金融市场的"道氏理论"和罗伯特·雷亚（Robert Rhea）撰写的《道氏理论：精华笔记图文版》也不例外。因此，译者首要的任务就是向读者简述相关的故事。

正如休·班克罗夫特（Hugh Bancroft）所言，《华尔街日报》的两位主编查尔斯·H. 道（Charles H.Dow）和威廉·彼得·汉密尔顿（William Peter Hamilton）两人共同创建了"道氏理论"。道提出了理论的基本原理，汉密尔顿充实、发展了该理论，并广泛地公开使用该理论。而雷亚，作为一名逆天改命并实现阶层跃迁的普通投资者，则是汉密尔顿睿智而无私言行的直接受益者。

道和汉密尔顿作为美国最重要的财经杂志的主编，是当时全美国最具影响力的宏观经济学家，他们创建和推广"道氏理论"的初衷，是为了分析和研判美国的整体经济状况。从这个角度来说，"道氏理论"应归类为当时研究宏观经济学的数理学派。很明显，通常情况下，站在道、汉密尔顿和班克罗夫特三人的角度，他们并不乐见关于宏观经济学的道氏理论演变为普通投资者的炒股指南。但是，缘于三人的良善和雷亚的谦逊，"个体投资者版的道氏理论"得以公开出版。近百年来，该书已惠及众多的普通投资者。因此，"道氏理论"和《道氏理论》背后是一个闪耀着人性光辉的故事，以及一个雷亚向汉密尔顿致敬的故事。

在这个故事中,雷亚还袒露了一个细节:雷亚的《道氏理论》是和雷亚制作的道琼斯价格平均指数价格波动和成交量的日线图表一起使用的。为了向雷亚致敬,译者花费了大量的时间和精力,整理绘制了道琼斯两种价格平均指数的日线图表(1897—1925 年),并在笔记中大量使用 A 股的图表,以期能够为读者提供一个专业图文版的《道氏理论:精华笔记图文版》。

接下来,译者建议读者分两遍阅读本书。

第一遍,学会实战派雷亚梳理的理论框架,快速掌握道氏理论。在这个过程中,读者可以只看雷亚的阐述,忽略雷亚引用的汉密尔顿的论述。

第二遍,在掌握道氏理论的框架后,耐心地精读雷亚引用的汉密尔顿的论述,这是道氏理论的实战技术细节。雷亚在每一条论述后面都标注了具体的日期,读者可以参照附录的日线图表。

最后,祝读者学有所悟,投资顺利!

诸葛金融

序言
FOREWORD

道氏理论是已故的查尔斯·H. 道（Charles H. Dow）和威廉·彼得·汉密尔顿（William Peter Hamilton）两人市场智慧的综合成果。

道是道·琼斯公司的创始人之一。道除了提供全国性的金融新闻资讯服务外，还出版了《华尔街日报》(*The Wall Street Journal*)，并出任该报的第一任主编。

汉密尔顿在1929年去世之前的二十年间，出色地担任了这份报纸的主编工作。

汉密尔顿早年作为一名记者与道密切合作。

很难想象，仅仅三十多年前，道提出了一个极具创新性的观点，即在个股价格波动的背后，始终存在着整体市场的趋势。在那之前，关注并思考这些问题的人普遍认为，股票价格的波动是个别的、不相关的，完全取决于特定公司的情况以及那些交易该股的投机者的当前态度。

汉密尔顿发展了他所认为的道氏理论的"含义"。对于汉密尔顿来说，股市是经济的晴雨表，这个晴雨表通常也能预测自身未来的可能趋势。他在阅读这个晴雨表方面表现出了非凡的技巧，时常在《华尔街日报》的"价格走势"专栏上发表评论文章，阐述观点并解释理由。

道在1900年至1902年间撰写的一些评论文章，是他自己对市场理论的唯一阐述。

在1922年，汉密尔顿出版了《股市晴雨表——基于查尔斯·H. 道价格运动理论的预测价值研究》(*A Study of its Forecast Value Based on Charles*

H. Dow's Theory of the Price Movement）。这本书和他撰写的众多评论文章是其理论的基础文献。

雷亚在仔细研究了道和汉密尔顿的著作（总计252篇评论文章）之后，以一种适合个体投资者或投机者的形式呈现了道氏理论。他为此做出了很多有价值的贡献。

休·班克罗夫特（Hugh Bancroft）

波士顿（Boston）

前言 PREFACE

　　我坚信道氏理论是预测股票市场走势的唯一合理、可靠的方法，这也是我写这本与道氏理论有关图书的唯一理由。

　　当一个人像我一样长年卧病在床时，他就拥有了其他人难得的学习或进行私人研究的机会。如果不利用这种特殊的机会，并将其视为一种幸运人士才能获得的快乐补偿，他可能会对生活失去兴趣。

　　过去的十多年里，我都是在床上处理自己的商业事务。我唯一的消遣就是研究商业经济学，尤其是经济和股市的趋势。无论是道氏理论还是纯粹的幸运，让我在1921年适当的时间购买了一些股票，并在1929年的最后冲刺阶段不再持有任何股票。同样是道氏理论或是幸运，在股市崩盘后的两年里，让我持有了一个小规模的空头头寸。因此，我的研究已经带来了回报。如果我能够解释自己努力实践的道氏理论，或许能对其他人有所帮助。总之，我希望如此。

　　为了我自己、我的朋友们，以及所有严肃的市场研习者，我制作了一组道琼斯价格平均指数价格波动和成交量的日线图表，以方便大家使用。小规模的生产成本被证明是过高的，因此这些图表被大量印刷并出售，很快就产生了令人满意的需求。在这套资料的引言部分，有我对道氏理论以及已故的《华尔街日报》主编威廉·彼得·汉密尔顿的一些评论。这些评论带来了意外的惊喜——超过500封以上的咨询信件。因此，我写本书的目的是这些来信咨询的人们，使其能受益于我对道氏理论的研究。这些人中的很多人，现在已经成了我的朋友。

毫无疑问，评论家会在本书的行文措辞和主题编排上找到很多不足之处；许多人也可能不同意书中所选择的定义和得出的结论。但是，一些能够充分理解本书作者局限性的读者，可能会在其中找到对他们的交易有帮助的内容。这本书就是为他们写的。

在此，我要对休·班克罗夫特先生表示感谢，他为本书撰写了序言。他作为那些伟大的金融出版物——《华尔街日报》和《巴伦周刊》（*Barron's*）的领导人，授权同意使用道琼斯股票日线价格平均指数以及所有的评论文章资料。

罗伯特·雷亚（Robert Rhea）
科罗拉多斯普林斯（Colorado Springs, Colorado）

目录
CONTENTS

01 第 1 章
理论的演变 / 001

02 第 2 章
威廉·彼得·汉密尔顿所解释的道氏理论 / 013

03 第 3 章
市场操纵 / 025

04 第 4 章
股票价格平均指数包容一切 / 029

05 第 5 章
道氏理论并非总是正确的 / 037

06 第 6 章
道氏的三种运动 / 045

07 第 7 章
主要运动 / 049

08 第 8 章
熊市 / 053

09 第 9 章
牛市 / 065

10 第 10 章
次级反应运动 / 075

11 第 11 章
日间波动 / 101

12 第 12 章
两个价格平均指数必须相互确认 / 103

第 13 章
确定趋势 / 111

第 14 章
线形窄幅整理 / 115

第 15 章
成交量与价格运动的关系 / 125

第 16 章
"双顶"与"双底" / 135

第 17 章
个别股票 / 141

第 18 章
投机 / 145

第 19 章
股市哲学 / 151

附录
1897—1925年道琼斯工业价格平均指数和铁路价格平均指数的图表（重绘）/ 157

第 1 章
理论的演变

01

◉ 导读笔记

1. 工业化促进城市化的发展，同时资本市场也得到发展。美国的大规模工业化得益于19世纪中西部地区丰富的矿产资源开发，同时美国的铁路行业发展迅速。鼎盛时期美国有几千家铁路公司，而今仅剩下几家大型铁路公司。需要提醒读者的是，在道所处的时代，铁路公司是最具投资价值的成长股，等同于2023年的美股英伟达、2020年前后的美股特斯拉、2016年前后的A股贵州茅台、2020年前后的A股比亚迪等。

2. 雷亚（1887-1939）作为道氏理论的研习者，长期研究道和汉密尔顿的文章，并且将数据整理制作成图表，便于投资者研习道氏理论。道氏理论是观察和预测股票市场价格运动的科学方法，由查尔斯·H.道（1851-1902）开创先河。虽然在道的有生之年仅有几年的市场数据，但是道观察市场的方法被汉密尔顿（1867-1929）承袭并沿用了多年。

3. 在技术分析领域，道氏理论作为投资者研判市场的工具，仍是当代投资者分析市场、跟踪市场最基本的工具之一。

· · · · · · · · · ·

查尔斯·H.道是美国最优秀的金融资讯机构——道琼斯公司的创始人，也是《华尔街日报》的所有者之一。道长期在《华尔街日报》从事编辑工作，直到于1902年离世。在生命的最后几年里，道撰写了一些关于股市投资的评论文章。这些评论文章记录了道个人观察到的股市重复性特征，可能是我们能够找到的与道氏理论有关的唯一文献。道琼斯股价平均指数包含了铁路价格平均指数和工业价格平均指数，铁路价格平均指数和工业价格平均指数的日线波动是道观察和观察结论的基础。①

---

① 原书注：道琼斯公用事业价格平均指数并不是始于1929年末，它的基准日期可以回溯至1929年初。［译者注：在道的有生之年，只有铁路价格平均指数和工业价格平均指数，因此本书只使用了这两种指数，并不涉及后来编制的其他指数，例如原书注1提到的道琼斯公用事业价格平均指数。根据本书前言1932年3月10日的时间线索，雷亚撰写本书的时候共计有三种道琼斯指数：工业价格平均指数（基准日期为1896年5月26日）、铁路价格平均指数（基准日期为1896年10月26日）、公用事业价格平均指数（基准日期为1929年1月2日）。现今常用的道琼斯股价综合平均指数的基准日期为1934年1月2日。］

查尔斯·H.道本人并没有将自己对股票市场的观察命名为"道氏理论"，"道氏理论"这一名词其实源于道的朋友 S. A. 尼尔森。尼尔森曾于1902年出版了《股票投机入门》①一书，并在书中首次尝试阐述道氏理论的实际使用方法。

现今，许多成功人士都认为道琼斯铁路价格平均指数和工业价格平均指数的日线图表是迄今为止预测股市价格运动和经济走势最可靠的指标，并且他们通常把这种读图并得出推论的方法称为"道氏理论"。

1897年之前，道琼斯公司仅有一种股价平均指数。1897年初，道琼斯公司开始分别发布道琼斯铁路价格平均指数和道琼斯工业价格平均指数。因此，道在撰写评论文章期间，最多只拥有这两种价格平均指数的5年记录。在短时间内，道创建了基于这两种价格平均指数的价格运动实用理论的基础原理，这是非常了不起的成就。诚然，道的一些结论后来被证实是有误的，但是，在他离世后的28年内，这些基础原理经受住了股市价格运动的检验。

威廉·彼得·汉密尔顿追随道的足迹，继续这一理论的研究和阐释，并不定时发表股市观察和预测的评论文章。汉密尔顿的观察和预测总体上被证明是正确的。因此，他的评论文章很快就成为《华尔街日报》最受欢迎的特色专栏之一，直到他于1929年12月去世。

1922年，汉密尔顿撰写了《股市晴雨表》②。由于没有了报刊评论文章的篇幅限制，汉密尔顿详尽阐述了道氏理论。这本获得真正成功的图书现在已经不再重印。此书的出版在当时引发了一场名副其实的争议风暴，偶尔还可以在现在的金融专栏中看到余波。争议最主要的原因之一是很多有能力采用统计方法研究并预测股市趋势的人，通常不愿意承认道氏理论的有效性。这些批评者通常对这一有价值的实用理论的原理一无所知。

自1902年以来，汽车行业和道氏理论的发展有一些相似之处。1902年

---

① 译者注：简体中文译本通常译为《股票投机原理》（The A B C of Stock Speculation）。
② 原书注：英国的经济学家们最早肯定了《股市晴雨表》的价值，他们认为该书在股市投机领域的贡献很有价值。此事可以从汉密尔顿于1923年获选为皇家统计学会会员一事得到印证。

后，汽车行业的工程师提升了发动机的功率，安装了可拆卸的轮辋、电灯、自动点火系统，并进行了其他必要的改进，最终为我们提供了可靠和方便的交通工具。与此类似，汉密尔顿在1902年至1929年之间对道氏理论进行了测试和改进。随着价格平均指数记录的逐年增加，汉密尔顿为我们提供了一种明确而极其可靠的方法，用于预测股票价格趋势和经济活动的趋势。

◉ 精华笔记

雷亚总结了道氏理论的演变过程，如图1-1所示。道本人非常谦逊，并没有将自己对股市的观察方法命名为"道氏理论"。但是他晚年在《华尔街日报》的评论文章中，展示了他观察市场规律性的方法论。

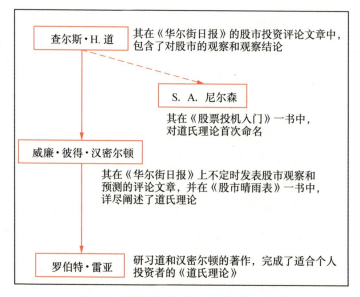

图1-1　道氏理论的相关人物及演变过程

尼尔森是道的朋友，他在道逝世之后，将道氏理论命名，并阐述了道氏理论的实际使用方法。尼尔森在《股票投机入门》的第5～19章中，引用道在《华尔街日报》的评论文章，涉及了科学的投机（Scientific

Speculation）、解读盘势的方法（Methods of Reading the Market）、交易方法（Methods of Trading）等。

在道去世之后的 20 多年里，汉密尔顿在《华尔街日报》上不定期发表评论文章，继续使用道观察市场的方法，并进行测试和改进。他于 1922 年在《股市晴雨表》一书中，对道氏理论进行了详细阐述。

● ● ● ● ● ● ●

从过去的商业记录中提取大量的数据，综合之后编制一种指数，用以可靠地预测未来的发展趋势，这并不是什么了不起的工作。问题在于，这样的方法都在回溯过去，并且基于历史会重复的假设。因此，这样的指数想要被人们接受，必须经受多年的理论预测与实际运动情况的对照验证。道氏理论经受住了这样的检验。

道氏理论提供了一种自我调整的预测方法，并年复一年地证明了其有效性。证据在于汉密尔顿多年来对该理论的成功应用：他在《华尔街日报》社论上发表的预测，准确性毋庸置疑。遗憾的是，汉密尔顿的谦逊，导致他没有把发表在报刊上那些应用道氏理论的大量缜密预测文章结集出版，从而证明自己应用道氏理论的可靠性。

本书的目的是将道氏理论简化为手册，以帮助希望采用道氏理论作为投机辅助工具的人。总的来说，汉密尔顿所有与价格平均指数有关的文章都被本书研究，并尽量在书中引述汉密尔顿的原话；而作者的原创或是想法仅占很小的部分。因此，本书可以被视为一本专为学习价格平均指数理论而把汉密尔顿相关言论分类整理的文摘集。除非特殊说明，本书所有的引述均来源于汉密尔顿在《华尔街日报》或《巴伦周刊》发表的文章。

汉密尔顿的文集揭示了这样一个事实：在前 10 年中，汉密尔顿尚未形成他后期工作所特有的清晰的表述方式。早期的汉密尔顿总是过于简洁明了地阐述他的观点。在后来的岁月里，他显然意识到道氏理论的研习者们需要更详尽的解释。总之，在担任主编的最后 20 年里，他的推理更加充分和清晰。因此，道氏理论的研习者可能会发现，可以从 1910 年开始研究汉密尔顿的预测文章，逐渐顺时推进，然后再回头阅读早期的文章。当一个人对道氏理论有了初步了解后，就可以进行更深入的研究，并将其转化为投机的利润。

小时候，我们做算术题可以通过查阅书后的答案来验证我们计算的准确性，在学习价格平均指数理论的过程中，这同样是正确的方法。建议读者选择一个特定的预测日期作为开始的研究日期，并在图表上找到对应的日期。随后遮住该日期之后的数据，以复原汉密尔顿当年进行预测时的可能场景。接下来研究图表，记录下自己预测的结论和理由，并和汉密尔顿的预测作比较。最后，查看图表核验两个预测的有效性。

道氏理论的实用性随着时间的推移而与日俱增。相对于道仅有数年的记录，我们现在拥有35年的记录，完全有可能进行更全面的研究。当然，我们的数据优势还很小，20年后的人们将拥有更大的优势。道从始至终都没有进行明确的预测，其谨慎的原因可能是他几乎没有证据来证明自己理论的正确性。随着岁月的流逝，汉密尔顿使用道氏理论的精确性不断提高，尽管他在1926年犯了一个严重的错误——这将在后面进行解释。然而，这个错误确实丰富了道氏理论的适用性，原因在于这次错误提供了证据，证明**道氏理论并不总是正确的**。汉密尔顿在每次正确预测后，通常都会强调这一事实。

道的理论，基础原理很简单，完全来源于实际经验。其理论基础完全基于道对自己创建的道琼斯股票价格平均指数的研究。道从未试图定义他的理论，只是通过自1900年至1902年期间在《华尔街日报》上连载一系列社论的方式呈现他的观察。此后，汉密尔顿以道琼斯股票价格平均指数为基础，实际应用道的观察方法，对股票市场的价格运动进行预测。随后几年内，汉密尔顿的评论文章被视为未来市场趋势的可靠指南。与此同时，读者也通过这些文章，逐渐精通依据道氏理论理解道琼斯股票价格平均指数含义的方法。

◎ 精华笔记

道氏理论假定历史会重复，那么就需要采集大量的历史数据，制作成图表后再进行分析。道氏理论是一种科学的思维方法，需要反复练习，然而道氏理论并不总是正确的。

应用道氏理论研判市场，经验很重要。雷亚根据自己学习和研究道氏理论的经验与体会,梳理出如图1-2所示的流程。投资者通过研习道氏理论,可以深刻理解价格平均指数的含义。

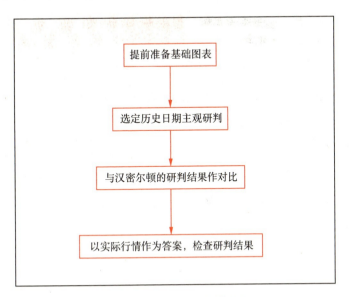

图1-2 研习道氏理论的流程

• • • • • • • • •

道写得如此之少,而汉密尔顿又写得如此之多;道从未有勇气将自己的观察方法以社论的方式预测股市趋势,汉密尔顿则有勇气一直做这样的尝试。因此,本书不打算研究道的文章。但是,始终要牢记,汉密尔顿工作的理论基础是从前辈道那里发展而来,他也从未让自己的读者忘记这一事实。汉密尔顿预测文章的开场白通常是诸如此类的句子:"根据已故的查尔斯·H.道众所周知的从道琼斯股票价格平均指数解析股票市场运动的方法……"

还应该记住一点,《华尔街日报》从未堕落到成为投资顾问的水平。汉密尔顿是一位伟大的主编,而不是专业的"投资顾问"。当他从股票价格平均指数中看到市场未来趋势时,并没有每次都写一篇预测文章。此外,他的活跃思维当然也经常聚焦在其他适时的主题上。因此,汉密尔顿既没有时间也没有意愿持续关注股票价格平均指数的波动。更重要的是,我们确切地知道,他时常会对于不道德的咨询服务擅用他的市场预测方法感到厌恶,甚至导致他在相当长的一段时间内,拒绝就价格运动的分析和推论发表意见。

汉密尔顿尽管意识到了道氏理论的局限性，但是依然坚信股票价格平均指数是预测市场的有效辅助工具。为了让道氏理论的研习者理解这一点，以下是他 25 年来社论的一些摘录：

"研究股票价格平均指数的理论基础是'道氏理论'，这是由本报已故创始人查尔斯·H.道创建的。有关道氏理论的图书现在似乎已经绝版，但是简要地说，道氏理论认为：任何股票市场中，明确存在——作用、反作用和相互作用三种同时进行的运动。第一是表面看到的股市日间波动；第二是相对简短的价格运动，例如牛市中的回调或是熊市中超卖后的快速反弹；第三，也是主要的价格运动，在持续数月内决定市场的趋势，是市场真正的主要运动。

◉ 精华笔记

道氏理论提出了市场中同时存在三种运动，分别如图 1-3、图 1-4 和图 1-5 所示。

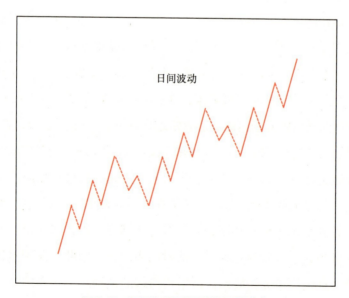

图1-3　市场中表面看到的日间波动

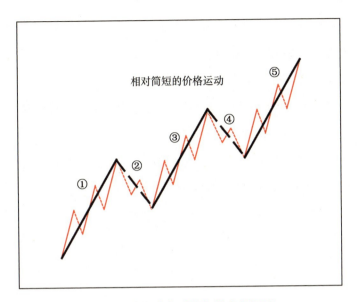

图1-4 市场中相对简短的价格运动

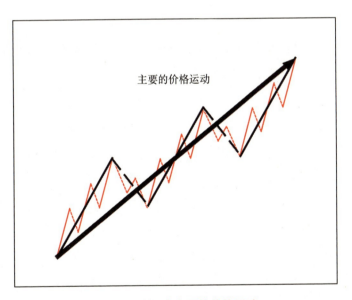

图1-5 市场中主要的价格运动

图1-3为市场中表面看到的日间波动。图1-4在图1-3的基础上增加了相对简短的价格运动的指示线段。图1-5在图1-4的基础上增加了主要的价格运动的指示线段。

需要重点说明的是，道氏理论将市场中出现的相对简短的价格运动定义为次级反应运动,例如牛市中的重要下跌运动和熊市中的重要上涨运动,即图 1-4 中的线段②和④。

那么如何定义图 1-4 中的线段①③⑤?

结合图 1-5,可以发现这三根线段是顺着主要的价格运动方向,且与图 1-4 中的线段②和④构成了价格摆动。

道在 1900 年 12 月 19 日的文章中写道:"The market is always to be considered as having three movements, all going on at the same time……The second is the short swing, running from two weeks to a month or more……"(我们认为,市场总是同时存在三种运动……第二种是短期摆动,持续时间在 2 周或者 1 个月以上。)

依据道的原文,我们可以将图 1-4 中的线段①②③④⑤均视为短期摆动。而在表 10-2 中,将线段①③⑤视为主要摆动,线段②④视为次级反应运动。

在图 1-5 中,主要的价格运动指示箭头线是从图表的左下角至右上角,这段市场走势属于典型的牛市。

● ● ● ● ● ● ●

"在分析股票价格平均指数的时候,必须牢记一些前提性条件,也就是普遍意义上的结论:日间波动没有意义,次级运动具有欺骗性。但是,市场的主要运动可能是有益的,对整体经济具备真正的'晴雨表'的价值。事实上可以这样说,在注意这些的前提下,就发布在评论文章中的研究价格运动的记录而言,在战争的前几年正确的时候远远多于错误的时候。而这些错误往往发生在偏离道坚实的科学规则的时候。"(1919 年 8 月 8 日)

"一位热心的读者问道,通过研究工业和铁路价格平均指数来预测股票市场趋势的方法是不是经验论?这当然是以经验为主,但又不完全是。这种方法绝对不是江湖骗术。任何从大量记录中得出的结论都应该接受这样的质疑,但是取决于特定方法的科学性和准确性。

"道氏理论承认具有高度的主观性和明显的局限性。但是,尽管如此,仍然可以诚实地宣称,在预测的准确性上,没有文献记录表明还有其他的方

法可以与之媲美。"(《股市晴雨表》)

"……一些研习者要求道氏理论的三种运动具备一定程度数学上甚至制图上的精确性,这样的要求它既不可能满足,也完全没有必要。"(1922年10月18日)

"当然,他们可以在价格运动中找到许多运动,尤其是次级运动,他们认为'晴雨表'未能预测。这又有什么呢?人类不可能制造出满足需求的完美工具和仪器。而且,我认为就人类目前智力的发展水平而言,我不相信会有人达到这样的精确性。让世界毁灭的方法就是让一些纯粹的利他主义者从造物主手中接管地球。

"股市'晴雨表'并不完美,更确切地说,这门尚未成熟的解读科学,远远没有达到完美的程度。

"气象局发布的数据具有很高的价值。但是,气象局从不会去试图预测将有一个干旱的夏季或是温暖的冬季。我们从个人经验都知道,纽约的天气在一月份可能会很冷,在七月可能会很热。

"支配股市价格运动的规律,同样适用于伦敦证券交易所、巴黎证券交易所,甚至柏林证券交易所。但是,我们可以更进一步讲,即使这些证券交易所和我们的交易所都被毁灭,不存在了,其支配规律的基本原理依然存在。随着巨额资本重新建立自由的证券市场,它们又会重新发挥作用。这一切都是自动的、必然发生的。据我所知,伦敦的金融出版物还没有与道琼斯股票价格平均指数相对应的记录。如果存在相应的指数,对伦敦股票市场的预测就会和纽约股票市场一样有效。

"这个理论吸收了少量循环或是系统的观念。这些观点有很好的逻辑性和趣味性,并且很流行。只要这些观念有用,道氏理论就吸收借鉴。道氏理论会吸收所有有用的因素。市场运动反映了所有可用的真正的知识。

"……道氏理论的有效性源于一个基本的假设:人性不会变。追求繁荣和富庶会驱使人类行为极端化,而极端化的行为会导致相应的衰退。经历绝对恐慌的至暗时刻后,工人会感恩他们能够得到的东西,并从微薄的薪资中慢慢开始储蓄,而资本家也会满足微小和快速的利润回报。

"美国已故的参议员斯普纳,阅读《华尔街日报》的社论后说:'倾听市场无情的裁决吧。'他看到了那个裁决的无情和准确。因为这个裁决是也必须是基于所有的证据,即使是由无意识和不情愿的证人提供的证据。"(《股市晴雨表》)

第 2 章
威廉·彼得·汉密尔顿所解释的
道氏理论

02

导读笔记

1. 雷亚基于汉密尔顿的著作介绍了道氏理论涉及的专业术语。同时，它们也是技术分析的基本框架。技术分析的投资者很容易犯的错误就是"只见树叶不见树林"。尤其是当代投资者有了各种炒股行情软件的情况下，不再需要看到"雷亚"手工绘制的图表，以及在纸上做图表分析的过程。

2. 由于当下的投资者能够实时查看市场行情的变化，市场每分每秒都会发生大量的买卖交易。投资者如果每天4个小时都在盯盘，很容易跟着当天的行情波动，感受多空双方的激烈博弈，从而忽略了市场中长期的趋势。中长期的趋势通常是个人投资者在市场中稳定赚钱的真正原因。

3. 道氏理论的三种运动帮助投资者建立起从树林到树木再到树叶的分析框架。这种从大到小的三个层级，是观察市场的正确视角。

4. 价格平均指数反映了市场的价格变动。指数是由成分股组成的。若要反映某个市场的价格水平及变动，需在该市场中选择适当的样本作为成分股。指数从创建之后并不是一成不变的，不同的指数有相应的调整规则。

5. 技术分析的四大要素"量、价、时、空"，在道氏理论中均有提及。对于成熟的投资者来说，分析成交量也是非常重要的。

6. 线形窄幅整理是交易实战中的重要信号，但实战中的买卖点设置需要投资者具备一定的经验。

7. 龙头股和强势股由于波动性相对较大，是投机者偏好的交易品种。

••••••••••

对于股票交易者来说，了解道琼斯股票价格平均指数的历史走势就像船长需要潮汐记录一样必要。但是，在把35年的道琼斯股票价格平均指数的记录图形化之前，很难对其进行研究。稍微换一下来比喻，价格平均指数的日线图就类同航海者的导航图。但是，航海者的气象预报仪器也是安全航行的必要装备。而查尔斯·H.道和威廉·彼得·汉密尔顿预测股市天气使用的晴雨表就是道氏理论这个股市天气预报系统。对于交易者来说，掌握道氏理论就与船长会用气象预报仪器一样至关重要。

每日的道琼斯铁路价格平均指数和工业价格平均指数，以及纽约证券交易所每日的交易总量，是希望利用道氏理论来预测股市趋势和经济趋势的研习者们所需要的全部资料。

在本章，作者将给出有关术语和理论的定义，并以被证明有助益的方式对相关主题进行分类。由于道和汉密尔顿都未尝试给出确切的定义，作者现在这样做或许有些唐突。作者在这样做之前，长年研究道和汉密尔顿的文章，已经拥有10多年使用价格平均指数做交易的实际经验，并且与全美各地的道氏理论研习者交流意见和经验，他们中的很多人都是成功的交易者。另外，为了研究价格平均指数，作者绘制了数百张图表，并把汉密尔顿关于价格运动的每一个论断都在图表上做了一一验证。事实上，为了阐述道氏理论，作者在10多年的时间内一直都在努力筛选和整理相关资料。作者要阐述的道氏理论并不是道在1902年去世时留给我们的道氏理论，而是汉密尔顿在对该理论的应用和完善中发展出来的道氏理论。

道氏理论的每一个定义都存在例外，研习者可以通过研究价格平均指数的图表并找出例外情形的方法，更好地掌握该定义的要义。采用这样的方法研习一段时间后，肯定会大大提高研习者解析价格平均指数的能力。对于交易者来说，这种能力就意味着财务收益。解析价格平均指数是一门经验科学，有可能会出错。这一点很像外科手术，一个好的外科医生偶尔也会在诊断上出错。

"新手运"或许是应用道氏理论交易股票最大的风险。新手在刚开始的时候可能因为好运气，好几次都判读正确，然后就会自以为自己找到了战胜市场的圣杯，但是随后往往会错误地解读信号。或许更糟糕的是，一些研习者错误地使用道氏理论，但是交易获利了。无论哪一种情形，道氏理论都会受到指责，但是问题的关键在于交易者缺乏耐心。

本章阐述的道氏理论的定义及其术语，将在后续章节中详细进行讨论。如果对特定的主题感到困惑，读者应该意识到，道氏理论与代数一样，不可能通过仅仅阅读一本与代数主题有关的教科书就能理解。

如果想要把道氏理论作为股票交易的辅助工具并获得成功，必须完全接受以下假设。

市场操纵：市场操纵可以影响价格平均指数的日间波动；次级反应运动一定程度上也会受到影响，但是程度很有限；主要趋势永远不可能被操纵。

价格平均指数包容一切：道琼斯铁路价格平均指数和工业价格平均指数由每日收盘价形成，是金融领域有关人员全部的情绪（希望、失望）和知识的综合指数。因此，价格平均指数的运动已经包容了即将发生的事件（不包括天灾人祸）的影响。价格平均指数也会快速评估，包容诸如火灾和地震等灾害性事件的影响。

道氏理论并非不出错：道氏理论并不是能够战胜市场的圣杯。要想成功地使用这种辅助交易的工具，需要认真地学习和没有偏见地收集证据。绝对不能让愿望主导思想。

如果上述构建道氏理论的前提条件不能当成数学定理一样被接受，那么在进一步的学习中，不是误入歧途就是困惑难解。

◉ 精华笔记

使用道氏理论做技术分析，首先需要了解它是一种科学的方法，而且是经验科学。

人类在掌握数学这门工具的过程中，需要抽象化的思维。数学的假设是纯粹的理论设定。现代数学是在很多公理、定理的基础之上构建而成的。

假设（Hypotheses）是科学理论的出发点之一。图2-1所示的道氏理论三大假设，是构建道氏理论的基础。本书第3章详细阐述市场操纵，第4章介绍价格平均指数包容一切，第5章讲解道氏理论并非总是正确的。

第2章 威廉·彼得·汉密尔顿所解释的道氏理论

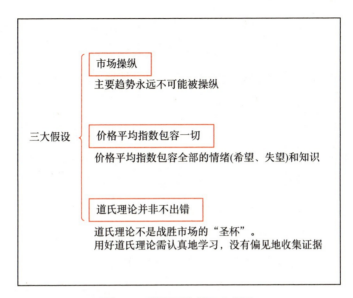

图2-1 道氏理论的三大假设

道氏理论表明了投资者与市场的关系：投资者是市场的学生，市场是客观存在的。投资者可以利用道氏理论这个工具来认识市场，理解市场。

明确道氏理论的定理是一项艰巨的任务，于1925年完成。随后的研究以及将定理应用于实际交易，都没有证据表明存在修改的必要性。

道氏的三种运动：价格平均指数有三种运动，这些运动可能同时进行。第一种也是最重要的运动，是主要趋势：市场整体向上或是向下，也就是众所周知的牛市或熊市。主要趋势可能会持续几年的时间。第二种运动，也是最具欺骗性的运动，是次级反应运动：在主要趋势是牛市中的重要回调，以及在主要趋势是熊市中的重要反弹。次级反应运动通常持续三周到几个月。第三种运动是日间波动，通常情况下是不重要的运动。

主要运动：主要运动是市场整体的基本趋势，通常称为牛市或是熊市，持续时间从小于一年到几年不等。成功投机最重要的因素就是确定这种运动的正确方向。现在还没有方法来预测主要运动的幅度和持续的时间。

熊市：熊市由长期的下跌和重要的反弹构成。熊市产生的原因是经济问题，并且只有当股票价格已经完全包容了最坏的情形后，熊市才会结束。熊市有三个主要阶段：第一个阶段是高位购买股票后希望的破灭；第二个阶段是商业萧条和收入减少导致的抛售；第三个阶段是那些必须通过贱卖资产获取现金的人对优质证券的廉价变现。

牛市：牛市是市场整体向上的主要运动，期间会被次级反应运动所中断，平均时间超过两年。牛市期间，由于经济增长和投机性活动的增加，对股票的投资和投机性买入导致股价节节攀升。牛市有三个阶段：第一个阶段是对经济复苏重拾信心；第二个阶段是股票价格对企业已知盈利提升的反映；第三个阶段是投机猖獗和通货膨胀期，股价基于预期和希望上涨。

次级反应运动：为了便于讨论，我们把牛市中的重要下跌运动和熊市中的重要上涨运动均视为次级反应运动，持续时间通常为三周到几个月。次级反应运动的回调，以前一轮次级反应运动的结束点开始的主要趋势的运动幅度为参考，一般回撤33%～67%。这些次级反应运动往往会被误以为主要趋势运动发生了变化。原因显而易见，牛市的第一阶段与后来被证明是熊市的次级反应运动有极高的相似性。牛市见顶后的情形正好相反。

日间波动：仅从一天的价格平均指数运动得出的推论，几乎可以肯定是误导性的结论。通常只有在形成"线形窄幅整理"的形态后，日线判断才有一定的价值。然后，必须记录和研究每天的运动，因为连续的日线图表最终会形成容易识别并具有预测价值的形态。

◉ 精华笔记

1. 考虑到日间波动是三种运动中最直观可见的，第1章在介绍道氏理论的三种运动时，采用了从小到大的视角，例如图1-3的日间波动、图1-4的次级反应运动和图1-5的市场主要运动。

2. 当我们使用道氏理论作为观察市场的工具时，需要建立从大到小的视角。本书第6章整体介绍道氏理论的三种运动，第7章解释主要运动，第8章熊市和第9章牛市是主要运动的两种情况。第10章解释次级反应运动。第11章解释日间波动。

3. 以2015年的A股牛市为例，上证指数在2015年6月12日（周五）创下了最高点5178.19点，该日的收盘价是5166.35点。

采用从大到小的视角进行分析，上证指数从图2-2的左下角运动至右上角，属于明显的牛市。

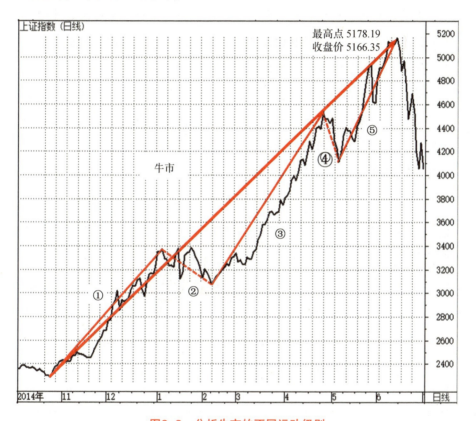

图2-2　分析牛市的不同运动级别

图2-2中使用了线段①②③④⑤表示比主要运动小一级别的摆动，其中线段②和④属于雷亚定义的次级反应运动。

图2-2中波动最频繁的折线表示日间波动，它是由上证指数的收盘价连线做出的。

· · · · · · · · · · ·

两个价格平均指数必须相互确认：要把铁路价格平均指数和工业价格平均指数的运动放在一起考虑。一个价格平均指数的运动必须得到另一个价格平均指数的确认，才能得出可靠的结论。基于一个价格平均指数的运动得出的结论，未经另一个价格平均指数的确认，几乎肯定是误导性的结论。

◎ 精华笔记

在道的时代，他使用铁路价格平均指数和工业价格平均指数进行相互验证。由于不同的指数反映了不同的市场情况，当我们要对市场整体下结论时，不能仅仅依据一个指数的运动情况。

如图 2-3 所示，上方是上证指数，下方是深证成指。在图 2-3 中显示了图 2-2 的牛市随后的走势。可以看出，上证指数和深证成指的走势比较类似。在牛市最后一个回调的低点作一根水平辅助线，当市场快速下跌且跌破水平线后，反弹很弱势，接着继续快速下跌。两个指数都走出同样的情形，因此，上证指数和深证成指相互确认了牛市转向熊市。

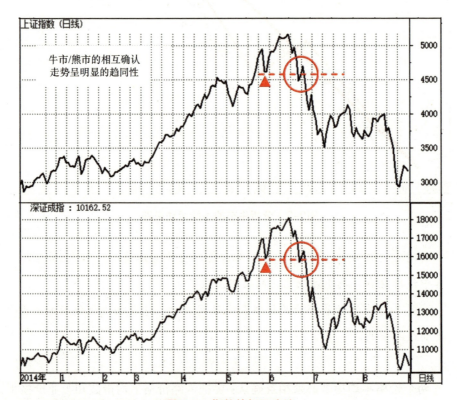

图2-3　指数的相互确认

在正常的牛市或熊市中，不同的指数走势呈现出明显的趋同性特征。如果某段时间内不同指数的趋同性特征不明显，成熟的投资者就会提高警惕。

· · · · · · · · · ·

确定趋势：上涨突破先前的高点，随后的下跌高于先前的低点，连续出现这样的情形就是上涨趋势。相反，如果反弹低于先前的高点，随后的下跌也低于先前的低点，则是下降趋势。由此得出的推论，在评估次级反应运动时很有用；但是更主要的作用是预测主要趋势运动的重新开始、持续和改变。为了便于讨论，我们把在一个或是多个日间运动内价格平均指数逆向运动了3%左右定义为回调或是反弹。这种运动需要得到两种价格平均指数的相互确认。不过，相互确认并不要求在同一天。

◎ 精华笔记

1. 在上涨趋势（牛市）中，市场不断地形成更高的高点和更高的低点。在下降趋势（熊市）中，市场不断地形成更低的高点和更低的低点。

2. 趋势的转折需要花费一定的时间，以熊市转牛市为例，如图2-4所示。

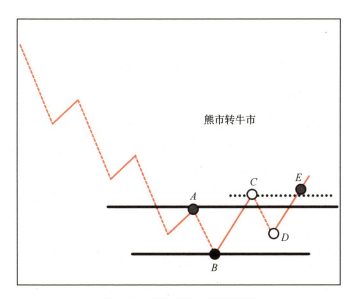

图2-4 讨论趋势转折的确认

当市场形成了更低的高点 A 和更低的低点 B 之后，如果后续从熊市转为牛市，那么市场一定会形成比 A 点更高的 C 点。随后的回调 D 点不应低于 B 点，若 D 点比 B 点更低，那么上涨趋势不成立。

C 点比 A 点更高，D 点比 B 点更高，就可以说上涨趋势成立了么？

不一定。依据道氏理论的定义，只有在 D 点之后，市场形成比 C 点更高的 E 点，才可以说市场可能已经在走上涨趋势了。但若 E 点之后的回调低于了 D 点，此时便不符合道氏理论对上涨趋势的定义了。

••••••••

线形窄幅整理："线形窄幅整理"是一种价格运动的形态，持续时间为两周到三周或者更长的时间。期间，两个价格平均指数的价格在 5% 左右的范围内波动，表明市场正在吸筹或是派发。如果两个价格平均指数同时向上突破，表明市场是在吸筹，可以预测会有更高的价格。相反，如果同时向下突破，则意味着先前是派发，价格随后会走低。依据一个价格平均指数运动得出的结论，如果在另一个价格平均指数中未得到确认，通常会被证明是错误的。

◉ 精华笔记

1. 在 K 线图上，线形窄幅整理通常是连续多根小 K 线的重叠。当市场走出这种形态时，说明多空双方在一段时间内处于一种比较均衡的状态。但是，市场不会永远维持在这样的状态，如果多方积蓄了足够的力量，后续市场可能强势向上突破窄幅整理区间。相反，如果空方的力量更强，后续市场可能强势向下突破窄幅整理区间。

2. 在实战中也可以将线形窄幅整理形态用于分析个股。恒林股份（603661）在 2023 年 11 月至 2024 年 1 月期间出现了两次线形窄幅整理的形态。如图 2-5 所示，上方的 K 线图出现了连续多根小 K 线的重叠，下方的收盘价折线在此期间波动幅度也不大。

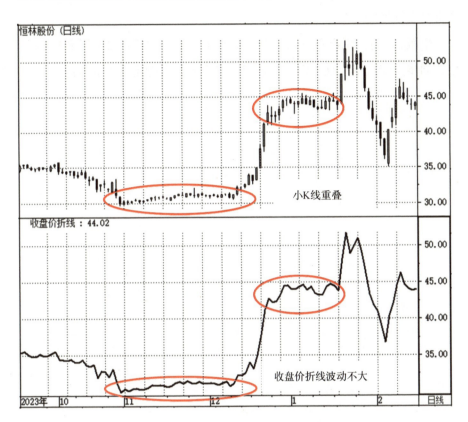

图2-5 线形窄幅整理的K线图与折线图示例

第一次线形窄幅整理形态持续了约30个交易日,大部分交易日的振幅在1%～3%,随后9个交易日实现了约40%的涨幅。

第二次线形窄幅整理形态持续了将近20个交易日,大多数交易日的振幅在2%～5%,随后2个交易日的涨幅约为20%。

· · · · · · · ·

成交量与价格运动的关系:市场超买时,上涨期间就会滞涨,下跌则会变得活跃;相反,市场超卖时,下跌就会沉闷,上涨就会活跃。牛市始于清淡,终于喧嚣。

双顶和双底："双顶"和"双底"在预测价格运动方面只有很小的价值，通常是误导性的。

个股：所有的活跃股和筹码分散的美国大型公司股票都会随着价格平均指数同步上涨或是下跌。但是，任何一只个股都可能走出独立行情。

第3章
市场操纵

03

◎ 导读笔记

  1. 汉密尔顿早在1890年任职于伦敦证券交易所，后于1899年加入《华尔街日报》。他是《华尔街日报》第四任主编，服务超过了20年（1908—1929年）。

  2. 汉密尔顿从参与者的角度分析市场，认为即使是美国财政部和美联储联手也不可能操纵整个市场。

  3. 相信"市场可以被操纵"的人通常是市场中的"笨钱"（普通的业余交易者）。而"聪明钱"（专业投机者）则会理性、果断地进行交易。

> 价格平均指数的日间波动可能会受到市场操纵的影响，次级反应运动也可能受到有限程度的影响，但是主要趋势运动无法被操纵。

  汉密尔顿经常讨论市场操纵的问题。汉密尔顿认为市场操纵的因素在主要运动中是微不足道的，很多人不同意他的观点。但是，<u>需要记住汉密尔顿这一市场观点的产生背景：他是与华尔街老作手们私交甚密的人，毕生都在关注金融领域的各种事实</u>。以下随机选取的评论出自他的社论文章，有力地证明了汉密尔顿在市场操纵问题上的一贯立场。

  "一次操纵只能导致对有限的个股产生错误的判断。但是，操纵构成价格平均指数的20只活跃股，使其显示重大变化，进而扭转市场结论，这是不可能的事情。"（1908年11月28日）

  "任何人都会承认，操纵在日间波动中是可能的，对于短期的价格摆动的影响就相对有限，而宏大的市场运动必然超出世界上所有金融利益集团的操纵范围。"（1909年2月26日）

  "……市场本身比所有'股票操纵集团'和'内幕交易者'加在一起的总和还要大。"（1922年5月8日）

  "'相信操纵会造成市场运动的假象'是股市中盛行的最大错误认知，同时它也导致了反对使用股市'晴雨表'的声音，质疑其权威性和启发性。这项声明基于作者本人在与华尔街22年的亲密关系之前还与伦敦证券交易所、巴黎证券交易所关系密切，而且对1895年约翰内斯堡投机疯狂的黄金股市场中的'集团争斗'有深入了解。作者所有的这些经历无论是否有价值，其回忆中都没有一个市场主要运动是由操纵发起和推动的。如果不能证明所有的牛市和每一轮熊市从始至终都是由整体经济情况决定的，这样的讨论就是徒劳。无论过度投机或是过度清算有多严重，在主要摆动的末尾阶段总是还会过度。"（《股市晴雨表》）

"……没有任何一种力量，即使是美国财政部和美联储联手，也不可能操纵40只活跃股或是导致股价出现不可忽视的变化。"（1923年4月27日）

普通的业余交易者相信，股市的趋势受制于某种神秘的"力量"。这种观念仅次于缺乏耐心，是导致亏损的主要原因之一。业余交易者热切地寻找所谓的内幕消息，或是不停地翻阅报纸，寻找可能改变市场趋势的新闻报道。他们似乎没有意识到，当与市场趋势有关的重要信息公开见报时，市场早已包容了其影响。

的确，小麦或棉花（期货）价格的短期波动可能会影响股票价格的日间波动。此外，市场参与者有时候会把报纸的头条视为看涨或看跌的信号，并集体涌入市场进行买进或是卖出，从而在短时间内影响或是"操纵"市场。专业投机者总是推波助澜，他们会"放好自己的线"，当机会出现时就果断买进，而小散户则小心翼翼地买上几股。随后，当小散户加仓买进更多股票的时候，专业投机者却开始出货了。相应地，市场的次级反应结束，主要趋势重新开始。如果不是市场本身处于超买或是超卖——这是金融记者们非常看重的"技术形态"，很难让人相信只靠报纸的头条就能让股市发生系列反应。

那些相信主要趋势能够被操纵的人只需要对这个问题研究几天，就会说服自己相信这样的事情是不可能的。例如，1929年9月1日，纽约证券交易所上市公司的总市值据报道超过890亿美元。想象一下吧，即使只有10%的价格下跌，涉及的资金究竟有多大！

◉ 精华笔记

任何参与者都无法操纵整体。道氏理论的第一大假设是，市场的主要运动不会被操纵。

雷亚认为，普通交易者赔钱的主要原因是缺乏耐心，其次是相信市场存在"神秘"力量。

然而，市场中的"聪明钱"与"笨钱"表现出的交易行为通常是不同的，如图3-1所示。假设市场参与者们通过新闻热点都看到了买入机会，相对于"聪明钱"，"笨钱"表现出的交易行为是买得慢了。而"聪明钱"会在"笨钱"感觉可以大胆买入的时机，把手中提前买入的大量股票出货给"笨钱"。"聪明钱"通过"一买一卖"便从"笨钱"手中赚到了钱。

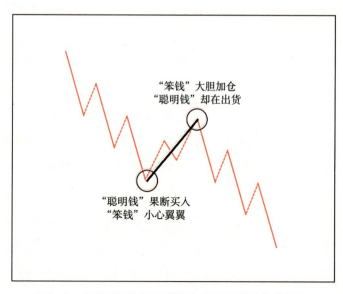

图3-1　"聪明钱"与"笨钱"呈现不同的交易行为

第 4 章
股票价格平均指数包容一切

04

◎ 导读笔记

1. 道琼斯工业价格平均指数的成分股在 1928 年从 20 只增加到了 30 只。道氏理论认为，价格平均指数包含了市场的所有信息，也包容了所有个体投资者对市场的所有认知。

2. 除了突然发生的地震、海啸等自然灾害，价格平均指数包容的信息量远远超过个人。

3. 对于不认可"价格平均指数包容一切"的投资者，建议不要利用道氏理论做交易。

> 每日收盘价的道琼斯铁路价格平均指数和工业价格平均指数是金融领域有关人员全部的情绪（希望、失望）和知识的综合指数。因此，价格平均指数的运动已经包容了即将发生的事件（不包括天灾人祸）的影响。价格平均指数也会快速评估，包容诸如火灾和地震等灾害性事件的影响。

每当一群市场的研习者聚会的时候，几乎总是会有人引发这样的辩论：股票的价格行为是否包容了个体投机者不能预见的事件。道氏理论的研习者都知道这是基本的事实。这一点是成功应用道氏理论进行投资和投机的基本原则。对于那些不认可这条基本原则的人，最明智的做法是不要使用道氏理论。

这个观点作者无须多言，因为在长达 30 多年内，道和汉密尔顿撰写的文章中有大量条理清晰的论述。

"股票市场绝对反映了每个人对这个国家经济的全部了解，这个观点怎么强调都不为过。那些卖给农民农具、农机和化肥的公司，对农民状况的了解比农民自己还要清楚。在股票交易所上市的公司都符合严格的上市要求。这些公司涵盖了整个国家的生产和消费领域，包括煤炭、焦炭、铁矿石、生铁、钢坯和弹簧。证券价格准确无误地反映了这些知识的价值。所有的银行也都了解这些商品的交换和融资都在股价上得到了反映。股价会根据每一个知识点进行调整,而不论其规模大小。"(1921年10月4日)

"……价格平均指数……包容……活跃和沉闷,好消息和坏消息,农作物的产量预测和政治上的可能事件,最终的事实就是价格平均指数。正因为如此,价格平均指数才在研究中具有如此的价值,有可能从中获得其他任何方式都无法获得的股市未来运动的指导。"(1912年5月2日)

"初级市场观察者经常会惊讶地发现,股票市场对于突发事件和重要事件没有反应,市场似乎受到一些模糊的、难以追溯事件的影响。有意抑或无意,价格运动是在反映未来,而不是反映过去。当即将发生的事情出现预兆的时候,这个预兆就会笼罩在纽约证券交易所之上。"(1911年3月27日)

"公正的'晴雨表'没有激情,原因在于构成价格图表的每一笔交易都充满欲望。股市'晴雨表'裁决的是所有交易者的欲望、冲动和希望的综合结论。国家的整体经济状况需要也必须正确地反映所有人的一致意见。这不是一个不负责任的辩论社团,而是一个倾听的陪审团。所有的成员都在寻找'市场无情的裁决',这远比律师和法官告诉他们的要多。"(1926年3月29日)

"市场并不是根据众所周知的东西交易,而是根据那些拥有最好信息的人群的预期而交易。每一个股票市场运动在未来都有一个解释,而且那些备受瞩目的操纵只是微不足道的因素。"(1913年1月20日)

◉ 精华笔记

道琼斯工业价格平均指数反映了当时市场的整体表现。这里用农业来举例,对于如何使用农用机械、工具、化肥等生产资料来说,农民是专业的,但是他们并不清楚农业整体的经济表现情况。而市场的整体表现则包含了各行各业的经济数据,还包含了产生数据的每一个环节的知识。

如图4-1所示,这是道琼斯工业价格平均指数从1911年至1913年2月的一段走势。当市场出现转折时并不是受到了单一事件的影响。分析指数时需要建立正确的市场整体观。

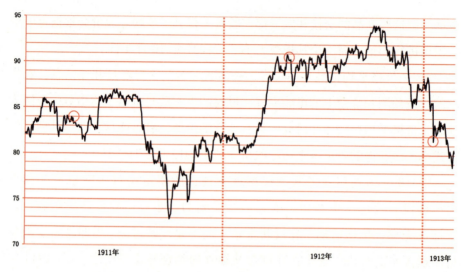

图4-1 道琼斯工业价格平均指数（1911—1913年）

● ● ● ● ● ● ● ● ●

以下是道1901年评论文章的节选：

"市场不像一个在风中来回颠簸的气球。整体来说，股市代表了那些有远见、知识渊博和消息灵通的人士，通过严肃、认真、缜密地思考，以便把股价调整到当下的价值或是一段时间后的预期价值。这些伟大交易者所思考的不是当下股价的高低，而是能否在6个月后吸引投机者和投资者以高于目前价格10～20个点的价格买进股票。"（1901年7月20日）

"所有人对所有事情所知的一切，即使是金融领域的边缘信息，都会以信息的形式流向华尔街。股票市场通过自身的价格波动反映了这些信息对股票价值的影响。"（1929年5月29日）

"有一点再怎么强调都不为过，股票市场在调整自己以适应意外情况时，与次级反应运动一样，不是根据当时的现实作出反应，而是根据市场所有智慧的总和以及对未来愿景的期待。"（1922年9月25日）

"……投机就是预测经济的发展变化……"（《股市晴雨表》）

◎ 精华笔记

道和汉密尔顿在观察市场的价格波动时，都是谦虚的学生。市场包含的所有信息需要进行分析，而交易者还需要提前半年左右的时间来规划是否存在有利可图的交易机会。

●●●●●●●●

1927年春天，牛市已经持续了近六年，出现了以下评论："……价格平均指数表明，未来几个月经济很可能继续保持其总量和特质，就像最有效的经济望远镜能够看到的一样。"（1927年4月23日）

当股市非常接近1921年低点的底部并实际触及低点后，对于为什么价格平均指数没有因包容当前不利消息而下跌，有如下解释：

"当意外事件冲击股市的时候就会产生恐慌。但是，股市的历史记录表明，市场很少受到意外事件的冲击。现在所有的利空都广为人知，其严重性也被广泛接受。但是问题在于，股市交易不是基于今天众所周知的事件，而是基于专业人士利用专业知识对未来几个月预测的汇总结论。"（1921年10月4日）

"……过去的每一次下跌运动，最后都能用随后全国经济的发展情况彻底解释清楚。"（1926年3月8日）

"一个主要趋势方向的改变或中断通常还有其他解释，其中至少有一种是满足大众想象力的解释。这是一条有意思的经验。"（1927年8月15日）

"华尔街常说一句话：当消息出来时，价格运动也就结束了。上市公司的股东和精明的投机者不是依据众所周知的事情做交易，而是根据他们独享的信息或是对未来明智的预测。我们经常看到市场普遍下跌六个月之后，才会出现经济萎缩。同样的道理，如果预期未来六个月后经济会改善，股市就会整体上涨，尽管当时尚未出现明显的改善信号。"（1906年6月29日）

"……股市投机活动的本身建立了推动经济扩张的市场信心，这其实是股市晴雨表的另外一种说法。市场的变化不是基于当天的新闻，而是经济精英们对未来预测的综合反映。"（1922年5月22日）

◎ 精华笔记

道琼斯工业价格平均指数在1906年1月12日突破了100点，之后在

100点附近做了1个月的整理,于2月14日跌破100点后,常年在100点以下运动。

道琼斯工业价格平均指数在20年后才突破200点。20世纪20年代是美国历史上的黄金时代,直到1929年10月股市崩盘,美国开始了大萧条。

• • • • • • • •

美国一位最伟大的金融家曾对汉密尔顿说:"如果我拥有反映在股票运动中所有知识的50%,我相信我会比华尔街其他的任何人都要有优势。"

"当然,树木从来都没有长到天上去。但事实仍然是,除了完全意外的事件,股市已经包容了一切。股市并不能预测旧金山大地震与北太平洋角的灾难。而大战之前的长期熊市已经包容了世界大战是否会爆发的不同预测。"(1927年7月15日)

"……可以把华尔街想象成人们所知一切与经济有关信息的总储藏库,这样的假设完全正确。这就是为什么价格平均指数比任何人知道的都要多得多,即使是最富有的集团也不能操纵。"(1927年10月4日)

对于道氏理论的研习者来说,应绝对确信价格平均指数能够预测未来并能对发生的事正确解析。对于想在股市追波逐浪的投机者,道氏理论具有非常重要的价值。

近期的一个典型例子证明了道氏理论预测未来的有效性,即1931年以来的长期大幅下跌。这一年价格平均指数下跌的百分比大于其他任何年份。期间,市场正在包容和评估严重的国际和国内危机。国际危机中,英镑放弃金本位尤为重要;国内则是银行倒闭、铁路被接管,攀升的财政赤字必然会提高税收的预期。6月份,下跌运动被典型的次级回升打断,主要是空头回补和不明智的买进共同作用的结果。这两种行为都是公众受到了媒体乐观宣传的影响。这种宣传是政治性的,是胡佛延期偿付政策的政治广告。

熊市主要趋势的中断发生在10月份。普遍的解释是纽约证券交易所实施了一项限制卖空的新规,这导致了空头头寸的平仓。同时,一个有实力的集团拉升了小麦期货价格,全国媒体广泛报道了这一投机行为,将其视为商品价格长期下跌的转折点。大量的鱼都以通常的方式咬饵儿了,典型的次级反应运动在正常的时间内完成。随后，熊市继续不可阻拦地创出新低。次级趋势的出现是必然的，即使没有小麦期货价格的上涨。如果不能拿期货市场说事，同样也会找到其他借口作为次级趋势的理由。"价格平均指数倔强地反映所有人的所有认知和所有预测。"

◉ 精华笔记

熊市里的市场回调也可参考图3-1。尽管市场出现了一段时间的回暖，但随后还会继续下跌趋势，创出更低的低点。笨钱看到市场乐观的新闻，误以为趋势反转，会在熊市中大量做多买入。此外，空头的平仓也可能导致下跌趋势的暂停。

关于价格平均指数能够包容未来这个重要主题将继续提供一些评论摘录，尽管重复对于读者来说有些乏味。

"在定期讨论价格平均指数的时候，总是认为价格平均指数包容了一切，包括成交量、市场环境、股票红利、利率、政治等。正因为价格平均指数就是价格平均指数，所以它是所有可能影响市场的因素毫无偏见的综合。"（1912年3月7日）

"假设是这样的：价格平均指数消除了所有个人的观点，以及政治、金钱、农作物……除了意外事故的一切，最终会……"（1912年4月5日）

"当一个大型制造商预见到经济前景不佳的时候，就会出售自己的股票以增加现金储备，而他仅仅是千万个卖出者中的一员。在他和其他人预见到危险的很久之前，股市就已经开始了下跌。"（1924年7月15日）

"市场反映了无数事实，而对于每一个事实，只有少数人……，知道他自己的情况。"（1924年7月15日）

"股市'晴雨表'考虑了高利贷和炼铁炉的运作，以及农作物的预计产量、粮食价格、银行结算、商业账期、政治前景、外贸、银行储蓄数据、工资、铁路货运量等所有的事情。活跃股的价格平均指数是公正反映所有这些因素的结果，其中没有任何一个因素能够强大到左右市场。"（1924年

7月15日)

"市场预见了第一次世界大战,1914年初'晴雨表'的行为清楚地显示这一点。"(1925年3月16日)

"我们在研究中,更愿意忽略经济总量、贸易情况、农作物情况、政治前景,以及其他的因素。这些因素尽管对日间波动有些影响,但对股市短期摆动的影响就微乎其微,对市场的主要运动可以说是毫无影响。价格平均指数的长年研究表明,指数包容了一切,如果忽略短暂的影响因素,价格平均指数就是更加可以信赖的指南。"(1911年7月14日)

◉ 精华笔记

"一战"造成了纽约证券交易所曾在1914年7月31日至12月11日暂停。

如图4-2所示,从1914年上半年的走势可以看出市场上涨乏力。1月中旬突破80点后,快速突破81、82、83点,但继续向上时并没有突破84点。4月25日的收盘价76.97点是最近几个月以来的最低点。年初的上涨趋势难以持续。

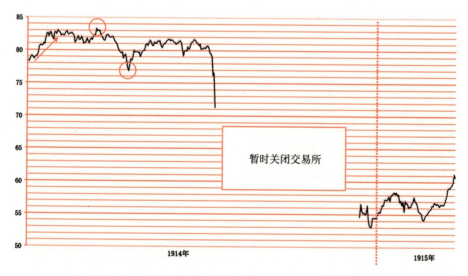

图4-2 道琼斯工业价格平均指数(1914—1915年)

第5章
道氏理论并非总是正确的

05

◉ 导读笔记

1. 道氏理论并不是精确的科学，它是经验性的科学。使用道氏理论依赖个人经验，每个人基于它研判市场得出的结论并不一定相同。

2. 使用道氏理论做交易，有一些常见的错误用法。

3. 市场在1926年暂时性的回调之后，继续走大牛市，汉密尔顿当时对此研判有误。

• • • • • • • • •

> 道氏理论并不是能够战胜市场的圣杯。要想成功地使用这种辅助交易的工具，需要认真地学习和没有偏见地收集证据。绝对不能让愿望主导思想。

简要说明道氏理论的机理还需要更多的工作。尽管如此，相对于其他经验科学，道氏理论的定义更容易一些。一个外科医生写出几条简单的规则，就能够让一个银行家去给一个经纪人做切除阑尾的手术吗？当然不能。原因在于外科手术是一门经验性科学，是在研究了数千例成功手术的基础上发展起来的，本质上是一种"试错"方法。成功降落飞机也是一门经验性科学。一个熟练而聪明的飞行员可以轻松地就这个主题写出一些简单的指导，另外一名飞行员肯定能懂。如果我们的银行家依据这些规则尝试降落飞机，他很可能在救护车中离开坠机现场。为什么呢？也许是飞行员没有恰当地说明在横切风着陆时应该放下哪个机翼。但是，银行家则可以写出一个关于固定收益债券的简单规则，医生、飞行员和经纪人都能够根据规则得出正确的答案，因为算术是一门精确的科学。精确的科学只有一个答案，就是正确答案。道氏理论是一门经验性科学，并非总是正确的，可是如果被明智地使用则非常有用，而明智地使用需要认真的持续研究。

汉密尔顿在他的著作中写道："股市'晴雨表'并不完美。或者更准确地说，这门新兴的读图科学还远未达到完善的程度。"

价格平均指数的研习者往往容易让愿望主导思考。他们在一个长期上涨后买进，随后如果遇到大的次级反应运动耗尽了保证金，就会归咎于道氏理论。这样操作的人认为自己是在按照价格平均指数的指示进行交易，因为他们通常拥有一张只有工业价格平均指数的图表，图表上还认真标注了很多神秘的阻力点。然而，道氏理论并不应该为他们的损失承担责任，因为道氏理论所说的"在牛市买进"，买进时机仅仅是指在严重的下跌之后趋向平稳，或是反弹变得活跃的时候。

还有一些研习者坚持在日间波动中使用道氏理论，他们通常会亏钱。

还有另外一类交易者把货运量、货币利率等数据与道氏理论一起使用，可能是从重要的统计机构获得的一些可怜的数据中得到了灵感。这些人的运气和专业预测者一样，运气很多，但绝大多数是坏运气。如果这些交易者真正理解道氏理论，他们就会接受一个基本事实，即价格平均指数能够恰当地包容和评估所有的统计数据。

经常有人会问："如果根据道氏理论合理、恰当的解释，并据此选择交易时机进行交易，有多少比例的交易会盈利？"作者认为，任何具有普通市场意识和足够耐心的交易者，只要研究过价格平均指数，并将其作为牛市或熊市完整周期的指导，就应该能够在每10次交易中至少赢利7次，而且每次赢利交易的净收益应该超过交易时机不当造成的损失。许多人一直保持着更好的纪录，但他们每年的交易很少超过四到五次。他们不看盘，只专注于重要的波动，并且不关心几个点的损失或收益。

◉ 精华笔记

1. 对于精确的科学，任何人只要使用相同的方法，都可以得出同样的结果。而经验性的科学严重依赖使用者的经验。以飞行员为例，飞行知识对于专业的飞行员来说，相互之间很容易理解，但是外行人却不懂如何基于这些行话进行实际操作。一个掌握了飞行知识并且技巧熟练的飞行员，仍然不能保证自己每一次的飞行都万无一失。

2. 汉密尔顿认为，道氏理论是一种经验性的科学，在他所处的时代，理论尚处于待完善的状态。

3. 利用道氏理论做交易，一些常见的错误用法如下。

（1）得出了"市场处于牛市"的论断，就"无脑买入"。

（2）利用道氏理论分析日间波动做交易。

（3）利用道氏理论分析货运量、货币利率等宏观数据。

需要注意的是，买入时机的选择高度依赖投资者的经验。利用道氏理论做交易，并不是每一次交易都会赢利。雷亚认为，靠谱的交易者10次交易至少有7次会赢利，并且赚的比赔的多。依据雷亚的观察，使用道氏理论的交易者，每年的交易频率不会太高。

· · · · · · · ·

我们当中声称理解股市价格运动的人都知道，尽管道氏理论并不总是正确的，但是比最优秀交易员的市场判断更值得信赖。按照道氏理论进行交易的人很清楚，损失通常源于对道氏理论的信任不足，而不是过于依赖它。

根据价格平均指数的推论确定的交易时机进行的交易，如果出现了一笔严重亏损，要么是交易者错误地解析了交易信号，要么是道氏理论出错的少数情形。在这样的情况下，交易者应当止损并离场观望，等待市场的信号变得清晰明了后再次尝试。

投机者，尤其是更应该称为赌徒的投机者，会坚持尝试从价格平均指数运动中读出不存在也不可能存在的所谓细节。

任何会思考的人都会很快意识到，如果道氏理论绝对可靠，即使只有一两个人能够一直正确地解析市场，股票市场很快就不会存在投机行为了。

1926年，汉密尔顿在解读价格平均指数的时候犯了一个严重错误，将牛市中的次级反应运动称为熊市。道氏理论的研习者都应该研究1925年秋季后一年的价格走势图，并将其作为容易得出错误结论的典型案例。作者一向认为，汉密尔顿认定熊市即将到来，并让自己的判断影响了对图表的解读。这是一个相信个人的判断胜过信任道氏理论的例子。

始于1923年夏末的牛市，在整个1924年都按照正常的方式进展。1925年3月底到1926年2月26日，几乎没有回调的持续上涨发生了，令人印象深刻。单就这轮上涨持续的时间和幅度来看，都应该发生不同寻常的次级反

第5章 道氏理论并非总是正确的

应运动。浏览一张从1897年到1926年的价格平均指数的图表就会发现，当时正在进行的牛市在持续时间上已经与历史上其他牛市差不多。此外还会发现，工业价格平均指数是在金融紧缩的背景下创出了历史新高。基于上述原因，即使是道氏理论最虔诚的信仰者，也可能一时受到个人观点的影响和左右，错误地解读价格平均指数，得出牛市即将终结的错误结论。

尝试复原汉密尔顿把次级反应运动判断为熊市的推理过程饶有趣味。1925年10月5日，汉密尔顿指出，20只工业价格平均指数成分股[①]的收益率低于4%，这是"人们根据希望和未来的盈利潜力购买股票，而不是股票的实际价值"。他还说："按照道氏理论的合理原则解读价格平均指数能够清晰地看到，主要的牛市依旧强劲有力，但是需要密切观察。"任何读完评论文章全文的人都会得出结论，汉密尔顿对市场持悲观态度，但他当时在价格平均指数上找不到任何支持其观点的证据。他在评论文章的末尾陈述如下："这是古老的'双顶'理论可能会证明有用的时候。例如，一旦接近9月19日或9月23日的高点，两个价格平均指数都会出现回调。"考虑到汉密尔顿曾表示"双顶"和"双底"并没有被证明是有效的理论，这是一个奇怪的说法。

1925年11月9日，汉密尔顿以这些话结束了评论文章："仅就道琼斯股票价格平均指数来说，股市中的主要牛市仍在持续，次级反应运动即将到来，目前看不到熊市的迹象。"但是在同一篇文章的其他部分，他说："某个时候，也许是明年，我们将经历投资和投机资金都短缺的时期，股市会首先感知到。在全国大谈繁荣和希望膨胀时，市场将出现一个主要的向下运动。"显而易见，汉密尔顿个人已经确定了熊市。这样的情况下，再假设他会谨慎地在价格平均指数上验证他确信的结论，是不合理的。

1925年11月19日，在发生了激烈回调之后，汉密尔顿再次警告他的读者，要留意双顶，因为这可能是主要上涨运动终止的迹象。但在1925年12月17日，他完全基于自己对道氏理论的理解，对价格走势做了一份条理清晰的总结："从1923年10月开始的主要牛市仍在持续，而工业价格平均指数典型的次级反应运动尚未完成。"然而，他警告说，都应密切关注价格

---

① 原书注：1928年10月，工业价格平均指数的成分股从20只增加到30只。

平均指数。这表明不管道氏理论的结论如何,汉密尔顿都认为股价太高了。

1926年1月26日,汉密尔顿注意到工业价格平均指数产生了一个"双顶",而这个双顶并没有得到铁路价格平均指数的验证。汉密尔顿曾数十次警告他的读者,从一个价格平均指数行动中得出的结论,如果得不到另一个价格平均指数的验证,几乎肯定会是误导性的。

1926年2月15日,"双顶"再次被提到。汉密尔顿推测,如果不能突破这些顶点,并出现进一步的下跌,就可能表明会有一轮熊市。1926年3月5日,基于两种价格平均指数距离它们各自的高点,工业价格平均指数下跌仅约12点,铁路价格平均指数下跌7点。他宣布:"……基于过去25年的研究表明,自2月15日以来,牛市终结了。"

1926年3月8日,他通过"明显的'双顶'"来提醒人们注意接近顶部时的转折。他说:"似乎足够清楚的是,在未来一段不确定的时间里,市场的主要趋势将是下行。"

1926年4月12日,距离被错误地称为熊市的次级反应运动的低点已经过去了两周多。汉密尔顿继续提出他早期的预测,在一篇评论文章的结尾,说价格平均指数"……肯定不会收回七周前研究价格运动得出的结论"。

看一下价格走势图就会发现,汉密尔顿最后一次关于熊市的预测正是持续到1929年的牛市的起始阶段。上述错误对于投机者来说可能是灾难性的。毫无疑问,许多汉密尔顿的追随者那个时期在市场蒙受了巨大的损失。总的来说,导致这次错误明显的原因是汉密尔顿信任自己的判断胜过了对道氏理论的信仰。通过"双顶"理论,他让价格平均指数适应了个人的判断。这是汉密尔顿唯一一次明确使用"双顶"理论,却导致了他的失败。同时,汉密尔顿忽视或是不愿意看到的另外一点是,工业价格平均指数在没有发生真正重要的次级反应运动的情况下上涨了47.08点,而铁路价格平均指数上涨了20.14点。根据汉密尔顿的阐述,道氏理论认为长期上涨运动正常回调的幅度为40%~60%。按照这个标准,工业价格平均指数回调了26.88点,铁路价格平均指数回调了10.71点,分别是55%和53%。汉密尔顿声称的"熊市"实际上是一次非常正常的次级反应运动。在严谨地使用道氏理论的过程中,

第5章 道氏理论并非总是正确的

道氏理论就是道氏理论，而不是任何其他的东西。

◎ 精华笔记

汉密尔顿生前曾对20世纪20年代牛市的终结时间做出了错误的论断，主要体现在1925年底至1926年初的一些文章中。如图5-1所示，道琼斯工业价格平均指数和铁路价格平均指数在1926年上半年，确实都经历了一段回调，但在1926年底继续上涨。

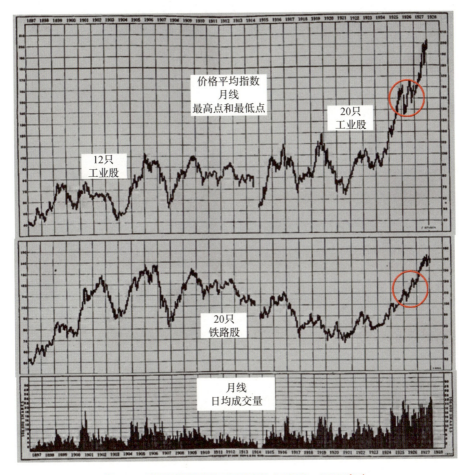

图5-1 道琼斯指数的历史图表（1897—1927年）

汉密尔顿认为牛市在此时期可能终结，是基于他对历史数据的观察总结。自1897年开始，每一轮牛市持续的时间大约在2年左右。基于该结论,他认定当前这一轮牛市从1923年下半年到1925年底已经走得差不多了,市场大概率将要开始一轮熊市了。事后来看,这属于汉密尔顿个人的主观判断。

从图5-1可以发现,汉密尔顿所谓的"双顶"形态,只是1926年下半年在工业价格平均指数的图表中可能会形成,最终被市场证实并不是"双顶"形态。

而在铁路价格平均指数的图表中,1926年当时市场并没有形成"双顶"形态的迹象,而是呈现出回调后明显创出新高的上涨趋势。

● ● ● ● ● ● ●

第 6 章
道氏的三种运动
06

◉ **导读笔记**

1. 道氏的三种运动在当代几乎已被交易者认为是"常识",但在100多年前尚属于"新知识"。因此,汉密尔顿在1904年、1909年和1914年多次对其进行阐述。

2. 观察价格平均指数的图表,汉密尔顿很自然地将走势与海浪建立联系,产生联想。

3. 三种运动是同时存在的。但是投资者若想同时观察到,需要具备丰富的经验。

> 价格平均指数有三种运动,这些运动可能同时进行。第一种也是最重要的运动,是主要趋势:市场整体向上或是向下,也就是众所周知的牛市或熊市。主要趋势可能会持续几年的时间。第二种运动,也是最具欺骗性的运动,是次级反应运动:在主要趋势是牛市中的重要回调,以及在主要趋势是熊市中的反弹。次级反应运动通常持续三周到几个月。第三种运动是日间波动,通常情况下是不重要的运动。

每一位汽车司机都记得自己第一次上驾驶课时,头脑、双手和双脚的混乱,原因在于教练在旁边要求把观察路况、踩油门和踩刹车三者同时进行。随着经验的积累,油门和刹车的操作变成了自动化,路况的观察也是一样。研习者第一次尝试理解道氏理论的三种运动时,存在类似的混乱,但随着时间的推移,对三种运动的认知也会成为一种自动的心理或是视觉过程。次级反应运动造成了市场趋势的暂时逆转,在市场上的作用类似汽车的刹车:它们都是抑制超速的手段。油门的使用既可以减速也可以加速,这与日间波动类似,有些时候与主要运动或是次级反应运动同向,其他时候则可能相反。

每一种运动都将在后面的章节中进行讨论。由于对每一种运动的深入理解非常重要,明智的做法是先来引用汉密尔顿多年来的阐述:

第6章 道氏的三种运动

"应该熟记我们的理论。市场有三种运动，<u>整体的上升趋势或整体的下降趋势</u>，称为牛市或熊市，可能会持续一年到三年；次级回调或反弹，持续时间视情况而定，在几天到几周之间；还有就是日间波动。这些运动同时发生，如同前进的潮汐一样，尽管波浪呈现了回调，但是随后的波浪会在沙滩上前进得更远。也许可以这样说，次级反应运动暂时中断了主要的大幅波动。然而，即使我们有所阻拦，自然法则依然有效。"（《股市晴雨表》）

另外一次，汉密尔顿对三种运动做了如下解释：

"这些市场的整体运动——向上或是向下——可能会持续数年，很少短于一年；然后是短期的市场波动，可能持续一个月到三个月。这两种运动同时进行且方向可能明显相反。日间波动进一步复杂化了这两种运动，也是航海者在复杂水域需要考虑的第三种水流。"（1909年2月26日）

关于三种运动，25年前是这样阐述的："市场同时存在三种运动。第一种是日间波动，主要是由交易者的操作引起的，可以称为三级运动；第二种通常是20天到60天的运动，反映了投机情绪的涨落，称为次级运动；第三种是主要运动，一般持续数年，是由价格回归价值造成的，通常称为主要运动。"（1904年9月17日）

1914年，汉密尔顿写下了一个简洁的解释："也许可以再次说明一下，已经被市场多年观察并得到证实的查尔斯·道的'理论'。市场同时有三种运动，第一种是持续一年或是更长时间的主要运动；第二种是熊市中的反弹或是牛市中的回调；第三种是日间波动。"（1914年4月16日）

◉ 精华笔记

先从"大"的视角，观察市场十年期间的牛熊市转换，可以使用月线图表。如图 6-1 所示为道琼斯工业价格平均指数从 1903 年至 1914 年的月线图。

从图 6-1 中可以明显观察到市场的主要趋势，例如 1904 年至 1906 年的大牛市、1906 年至 1907 年的熊市、1907 年至 1909 年的牛市等。

需要注意的是，雷亚和汉密尔顿讲的次级反应运动，指的是在主要趋势是牛市时的重要回调,以及在主要趋势是熊市时的反弹。

道氏理论从提出到不断完善,经历了长期的过程。我们在研习的过程中,需要考虑时代的变迁、实战的价值以及内核的一致性。

图6-1 道琼斯工业价格平均指数的月线图(1903—1914年)

从理论上的折线图到实际走势图的分析,确实需要丰富的经验。尤其是在研究次级反应运动时,就不能使用月线图表了,需要换成更小时间周期的图表。

第 7 章
主要运动

07

导读笔记

1. 对于投资者来说，辨明市场主要运动的方向是最有价值的。第8章和第9章分别会对主要运动的两大类型进行详细的阐述。
2. 使用道氏理论来预测主要运动的时间和空间不太可行。
3. 在有的情况下，要过去了很长时间才能了解市场主要运动的方向。

• • • • • • •

> 主要运动是市场整体的基本趋势，通常称为牛市或是熊市，持续时间从不到一年到几年之间不等。成功投机最重要的因素就是确定这种运动的正确方向。现在还没有方法来预测主要运动的幅度和持续的时间。

没有能够确定主要运动持续时间的方法，但"……主要波动持续的时间和幅度极大地增加了晴雨表的预测价值。没有规则可以精确地规定多少点构成一个主要波动，就如同没有规则可以定义该运动所预测的商业繁荣和衰退的程度一样"。（1924年3月10日）道氏理论的批评者总是抱怨，有用的道氏理论应该能够预测市场会走到什么点位以及需要多少时间。这样的抱怨如同我们要求气象局能够预报暴风雪的日期、具体时间以及积雪的厚度，或是准确预报热浪持续的时间。气象预报与道氏理论都是经验性的，尚未完善到这样的程度，而且可能永远也不会达到这样的程度。然而，我们已经习惯了天气预报，接受其局限性，并且为预测科学能够提前警告我们即将到来的暴风雪或是其他变化心存感激。对待道氏理论，我们应该采用同样的态度。

解读价格平均指数是一门艺术，新手往往将主要运动中的大幅次级反应运动误以为是主要趋势的变化。即使是专家，对这个阶段进行正确的解读也非常困难。但是仔细地研究能够使研习者觉察到变化。如果他不能确定，就要在一旁观望，直到价格平均指数日线图表的形态给出清晰的解读机会。对于每一个交易者心里间或出现的疑问，汉密尔顿也曾经常常感到困惑。对于这个问题，他的阐述是最好的解释："必须永远牢记，股票市场有一个主流，以及无数的支流、旋涡和逆流，其中任何一个都可能在某一天、某一周甚至更长的时间内被误以为是主流。股市是晴雨表，不存在无意义的运动。其运动的意义可能要在运动出现很久之后才能揭示出来，更常见的或许是永远也不能被完全了解。但是，可以真诚地说，如果拥有对运动的完备知识，那么每一个运动都能得到合理的解释。"（1906年6月29日）

第 8 章
熊市

08

◉ 导读笔记

　　1. 当市场的主要趋势是熊市的时候,下跌比上涨更多,市场中的卖出远远多于买入。熊市主要由长期的下跌和重要的反弹组成。

　　2. 熊市分为三个阶段:第一个阶段是短期高价买入的投资者离场造成的卖出;第二个阶段是中期投资者看不到获利希望造成的卖出;第三个阶段是长期投资者受制于生活所迫造成的卖出,此阶段的投资者通常不会考虑资产的内在价值。

　　3. 不要使用道氏理论预测市场的极限低点,而应耐心观察,等待底部出现之后市场回暖的迹象。

　　4. 研判市场底部可以结合成交量一起进行分析。

　　5. 尽管底部是"双底"形态的情况确实存在,但若仅用"双底"信号来研判市场底部形态则不妥。

● ● ● ● ● ● ●

> 熊市由长期的下跌和重要的反弹构成。熊市产生的原因是经济问题,并且只有当股票价格已经完全包容了最坏的情形后,熊市才会结束。熊市有三个主要阶段:第一个阶段是高位购买股票后希望的破灭;第二个阶段是商业萧条和收入减少导致的抛售;第三个阶段是那些必须通过贱卖资产获取现金的人对优质证券的廉价变现。

　　1921年,汉密尔顿表示,前25年内,牛市平均持续时间为25个月,而熊市的持续时间为17个月。换句话说,熊市的持续时间大约为牛市所需时间的70%。

　　熊市大致分为三个阶段:第一个阶段是放弃先前牛市继续上涨的希望;第二个阶段反映了盈利的下降和股息的减少;第三个阶段则代表了必须卖出证券以满足生活需求的困境性清算。每一个阶段都会被一个次级反应所分隔,这些次级反应通常被错误地认为是牛市的开始,而掌握了道氏理论的人很少会被这些次级反应运动所迷惑。

纽约证券交易所的成交记录表明，熊市中的日成交量比牛市少很多。交易量曲线的趋平是熊市可能终结的标志之一。

汉密尔顿经常说，华尔街的古老格言"永远不要在一个沉闷的市场中卖空"在大型熊市中是一个错误的建议。他注意到，熊市中的卖空时机是急速反弹后成交量减少的时候；随后活跃的下跌表明熊市会延续。他通常以下面的方式表明自己的观点："华尔街经常引用的陈词滥调之一是，永远不要在市场沉闷时卖空。……但在一个持续下跌的熊市中，它总是错误的。在这样的下跌中，市场在反弹时变得平淡，而在下跌时变得活跃。"（1909年5月21日）

以下内容摘自1921年发表的一篇评论文章，有几个要点值得我们铭记："在道氏理论的早期阐述中……熊市中次级反弹突然又迅速，尤其是在市场恐慌性下跌之后。此时关注的重点不在于底部，而是反弹之后的市场测试……在这样的情况下，股票很容易被售罄或是超卖。底部阶段，市场情绪总是极度悲观。当开电梯的男童都在谈论自己的'空头头寸'时，专业人士则开始'警惕'公众的情绪。"

"多年的价格平均指数显示了一个不同寻常的共性，熊市中的次级运动后会形成一条'线'。这个线形窄幅整理形态会彻底检验公众的吸纳能力。在严重的下跌中总会出现支撑性的买盘，以保护规模太大而无法平仓的弱势账户。这类股票在反弹中卖出，其卖盘很大程度上对应了空头回补和抄底的买盘。但是如果市场吸纳能力不足，则会进一步缓慢下跌，通常会创出新低。"（1921年6月23日）

"得到价格平均指数验证的长期经验表明，在持续一年或是更长时间的牛市中，相对于间或发生的次级反应运动的快速回调，上涨的速度看起来较慢。同样，熊市中的反弹也是快速的。"（1910年3月19日）

◉ 精华笔记

汉密尔顿观察熊市的市场表现，主要得出了以下经验。

（1）一轮牛市或熊市中，通常牛市的持续时间比熊市长。

（2）熊市的三个阶段是由不同的市场参与者起主要作用。每个阶段的下跌都会跟随一段市场反弹。

（3）熊市中的成交量总体上比牛市清淡。熊市在下跌时成交量相对较大，反弹时成交量相对较小。

（4）如果市场在严重下跌之后的反弹阶段，买盘力量无法支撑市场中的卖盘，后续还有可能继续下跌。

因此，了解上涨或是下跌的市场运作的基本原理非常重要。

在熊市中，优质股和垃圾股一起受到伤害，因为人们会以能够卖出的股票来保护不能卖出的股票。在严重的衰退期，从不投机的人不得不从保险箱中把投资型股票拿出来低价求售。为了获得生存的现金，这些股票无论蒙受多大的损失都必须兑现。这些人创建了一个"雨天"基金，而"雨天"终于来了。也许他们更愿意卖掉自己的房子或是其他资产，但是找不到愿意提供现金的买方。也许他们有人提前支取了人寿保险金，从而迫使保险公司折价卖出一些证券以保证兑付。也许这些人早就耗尽了他们的银行存款，这也会迫使银行清算证券以维持现金储备。这样就形成了恶性循环，导致优质证券在缺乏买方的市场中求售。换句话说，供需法则正在起作用，当供应大于需求时，价格必然会下降。那些著名咨询服务公司提供了很多投资建议，阅读过这些报告的读者完全有理由感到奇怪，为什么这些机构雇用的经济学家忽视或不理解熊市的这一重要阶段。

◎ 精华笔记

熊市的第三阶段令投资者非常无奈，股票的价值不再成为投资者考量的重点。此时的投资者更关心如何保障自己的日常生活，将能够变现的资产尽量变现。人们对现金的需求比对资产的需求更大。在这一阶段很容易形成"踩踏效应"，原本有投资价值的优质股也跟着垃圾股一起下跌。

究竟是什么终结了股价的长期下跌呢？《股市晴雨表》对牛市和熊市的

完整循环给出了精彩的解释：

"不久，我们一觉醒来，发现收入超过了支出，借贷的成本很低，空气中弥漫着冒险精神。经济走出了沉闷的萧条期并重新变得活跃。投机活动伴随着高利率、增加的工资以及其他熟悉的特征逐渐扩大。经历了几年的好时光后，链条上最薄弱的环节承受了巨大的压力后断裂……股市和大宗商品的价格预示了萧条，随后是大规模的失业。在银行存款增加的同时，风险资金消失得无影无踪。"

汉密尔顿告诫我们不要试图使用道氏理论预测熊市的极限底部："股市晴雨表不能够告诉任何人熊市到牛市的转折日。"

◎ 精华笔记

股票市场总是在牛市和熊市之间循环，但投资者很难刚好就抓住牛市与熊市之间的转折点。在大的时间周期图表上我们很容易看出转折，如图 6-1 所示。但是如果盯着日线图表分析，就会发现在小的时间周期图表上，转折点非常多。汉密尔顿不建议投资者去识别到底哪一个小的时间周期上的转折正巧就是大的变盘点。

• • • • • • • • •

1921 年 9 月 18 日，当股价平均指数仅比熊市底部高出不到 5 个点时，汉密尔顿发表在《巴伦周刊》的一篇文章中写道：

"我已经接受了提供股市晴雨表预测价值的证据的挑战，目前股市的行为就是一个能够明确检验的例子。考虑到欧洲金融领域的混乱情况、棉花作物的灾害、紧缩带来的不确定性、立法者和政府无原则的机会主义、战后通货膨胀的余波——失业、煤炭开采业和铁路运输业的低工资——所有这些问题笼罩在国家经济层面，但是，当下的股票市场的行为却似乎预示着更好的经济前景。股市一直在说，从 1919 年 10 月末至 11 月初开始的熊市，在 1921 年 6 月 20 日达到了低点，工业价格平均指数为 64.90 点，铁路价格平均指数为 65.52 点。"

几天后，他在《华尔街日报》上发表了以下评论：

"不止一名通讯员来信，提醒本报应留意当前不令人满意的情况，并发出询问。当前令人不满意的情况包括：德国的破产、铁路运输业的价格和工资、关税和税收的不确定性，以及国会在考虑这些问题的时候缺乏常识，所有的理由都指向了悲观。而9月21日发表的关于股市"晴雨表"的研究文章，为什么会得出股市似乎在为长期上涨做准备的观点？答案是，股市拥有比这些评论家更详细的信息，并已经考虑了所有的情况。"（1921年9月21日）

汉密尔顿的这些预测促使本书作者在当时购买了一些股票和债券，这项投资后来为建造房屋和进行商业投资提供了资金。后者的收益导致了适度的奢侈生活与在退伍军人事务所委托的政府医院的病床度过余生的差异。与此同时，这些预测促使作者在随后数年内研究价格平均指数——一场追寻彩虹的探索，最终成为一项引人入胜且有益的消遣。

作者在1921年末写给汉密尔顿的一封信中，请求他解释推论的原因，并收到了回信。汉密尔顿在回信中解释说，低成交量、横向运动、市场对利空的无视以及没有反弹，这些都是最糟情况已经过去的迹象。同时，汉密尔顿认为自己的观点获得了价格平均指数运动在日线图表上的证明。

◉ 精华笔记

汉密尔顿在1921年9月提出市场后续将迎来好转，这在当时是非常受到挑战的观点。

普通投资者看到的是，"一战"后欧洲很混乱，德国破产，煤炭、铁路等行业不景气等惨状。从宏观方面来说，1921年当时的经济状况确实不太好。

如图8-1所示为道琼斯工业价格平均指数1919年至1922年的走势。1919年至1921年的熊市之后，市场确实在1922年迎来了一段上涨。

以熊市的最高点119.62点（1919年11月3日）起算，至1921年6月20日的最低点64.5点，下跌幅度将近50%。

即使市场后续创出了更低的低点63.90点，汉密尔顿通过观察近几个月的市场调整以及熊市的下跌幅度,在9月份观察到市场快速反弹至70点附近的时候,得出综合分析的结果是,他认为底部形态已经构造完成,后续市场可能迎来转机。

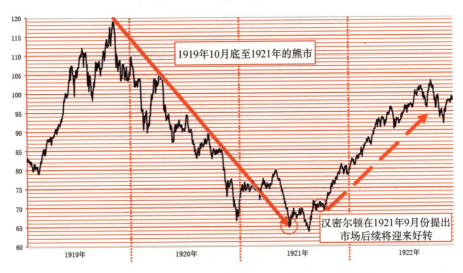

图8-1　道琼斯工业价格平均指数(1919—1922年)

1922年市场站稳了80点后,陆续突破了90点、100点。这段牛市让雷亚本人也收获颇丰。

• • • • • • • • •

图8-2是专门为研究价格平均指数在熊市底部阶段的运动特征而制作的。九次熊市的终点被排列在彼此上方;每一次熊市的日线运动均按照比例绘制,最低点记为100,价格上涨时在图表上自动转换为低点以上的百分比。

这样的排列考虑到了与当时成交量的关系。在图8-2中会发现,九次熊市中有七次,熊市结束的谷底包含60天至90天的时间,价格平均指数常常在3%的范围内做盘整,尽管这样的运动并不一定在两个价格平均指数同时发生。另外两轮熊市,盘整的范围是5%。

在九轮熊市中,有六轮熊市的成交量在到达低点之前持续稳步下降;其他的三轮熊市若采用成交量低迷作为参考将会出现误判。

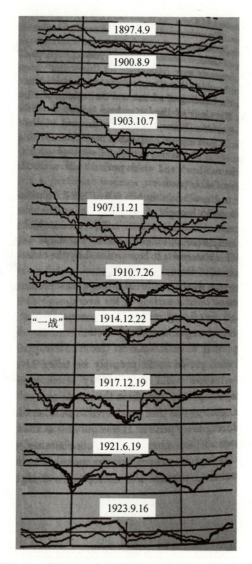

图8-2 道琼斯两个价格平均指数的9轮熊市底部

◎ 精华笔记

参照文中介绍的图表绘制方法,图8-3是对原书图8-2的重绘,便于我们观察底部的反弹幅度和构造时间。各图均截取了最低点附近半年左右的走势。图8-3中,用竖线标记的日期是计算价格平均指数相对比例的基准日,即指数底部最低点。

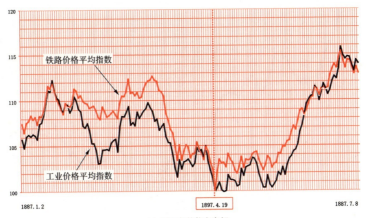
(a) 1897年的熊市底部

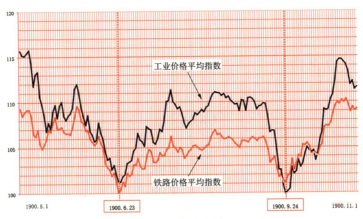
(b) 1900年的熊市底部

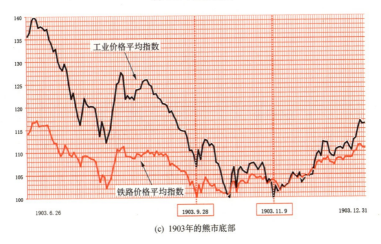
(c) 1903年的熊市底部

图8-3 道琼斯两个价格平均指数的9轮熊市底部（重绘）

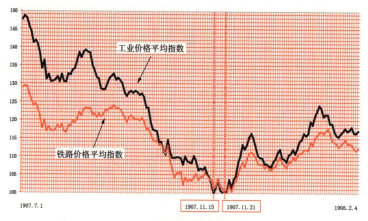

(d) 1907年的熊市底部

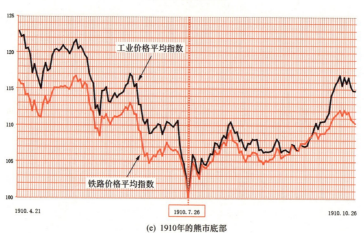

(e) 1910年的熊市底部

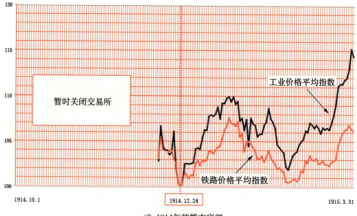

(f) 1914年的熊市底部

图8-3 （续）

第8章 熊市

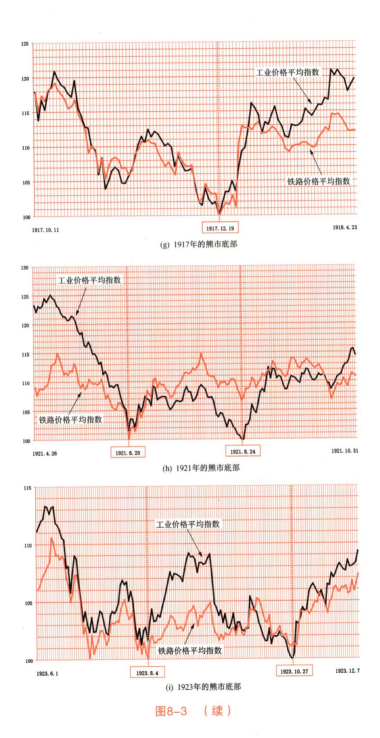

图8-3 （续）

观察图 8-3 可以得出，市场的底部形态并不是完全一样的。两个价格平均指数有时候会在同一天见底，例如 1887 年、1910 年、1914 年和 1917 年。

有时底部最低点会相差好几个月的时间。例如，1900 年，铁路价格平均指数的极限低点比工业价格平均指数早了三个月；1903 年，铁路价格平均指数的极限低点比工业价格平均指数早了一个多月；1907 年，铁路价格平均指数的极限低点比工业价格平均指数晚了几天；1921 年，铁路价格平均指数的极限低点比工业价格平均指数早了两个月；1923 年，铁路价格平均指数的极限低点比工业价格平均指数早了两个多月。

在 1903 年和 1921 年，当铁路价格平均指数出现极限低点时，工业价格平均指数也是一个阶段性的低点，并且此低点与后面的极限低点位置比较接近，构成了"双底"形态。

但是，这九轮熊市的底部中不是"双底"形态的情况也挺多的。如果只用"双底"形态作为信号来研判趋势反转，正确率并不高。

· · · · · · ·

关于熊市结束时的双底现象已经有了很多阐述。的确，这种现象有时会发生，但如果将其视为熊市的指标几乎肯定会出错。那些指出双底频繁出现的人未能考虑到，许多双底出现在熊市并非底部的位置。检查所有在主要熊市行情中出现的双底将会显示，对于每个在低点发生的双底，有几个并非主要趋势结束点的底部。

在熊市中预测价格走势似乎比在牛市中更容易。至少，抓底肯定要比逃顶容易。

对于道氏理论的研习者，能够在价格平均指数从低点上涨 10% 的幅度内进场确实很幸运；但是，在上涨 20% 以前，趋势变化的迹象是显而易见的。

第 9 章
牛市

09

◎ 导读笔记

1. 当市场的主要趋势是牛市的时候，上涨比下跌更多，市场中的买入远远多于卖出。牛市主要由长期的上涨和重要的回调组成。

2. 牛市分为三个阶段：第一个阶段是"聪明钱"对市场恢复信心，考虑根据资产的内在价值进行买入；第二个阶段是大量公众跟着"聪明钱"买进，抢购市场中的优质股；第三个阶段是大众疯狂购入股票，甚至连一些内在价值低的垃圾股价格都被炒得很高，这个阶段的投资者会感觉持有现金不划算。

3. 牛市的第一阶段与熊市最后的次级反应运动通常是无法区分的，只有等待一段时间后才能确认。

4. 牛市和熊市是交替循环的。即使是20世纪20年代出现了持续6年的大牛市，最终也会转为熊市。

・・・・・・・・・

牛市是市场整体向上的主要运动，期间会被次级反应运动所中断，平均时间超过两年。牛市期间，由于经济增长和投机性活动的增加，对股票的投资和投机性买入导致股价节节攀升。牛市有三个阶段：第一个阶段是对经济复苏重拾信心；第二个阶段是股票价格对企业已知盈利提升的反映；第三个阶段是投机猖獗和通货膨胀期，股价基于预期和希望上涨。

如前所述，道氏理论是一种常识性的方法，通过对道琼斯价格平均指数日间波动记录的研究，得出对未来市场运动有用的推论。在金融冒险家的投机生涯中，掌握道氏理论最大的用处在于了解一轮主要的熊市即将结束，一轮牛市正在形成。

汉密尔顿似乎能够轻松地确定底部。他多次声称，抓底要比确定牛市的顶部要容易得多。毫无疑问，金融领域的智慧是其成功的原因之一。不过也有一些技能较差的人在正确的时机成功地运用了道氏理论。他们没有什么特殊的知识，只是掌握了道氏理论。

在阐述牛市和熊市的时候必须牢记，牛市的第一阶段与熊市最后的次级反应运动是无法区分的，只有经过一段时间后才能确认。同样的，熊市的第一阶段首先必须当成是可能的牛市次级反应运动。因此，任何关于熊市结束的讨论都必须涵盖随后的牛市起始阶段。在前一章中，我们讨论熊市结束阶段的典型特征。现在只需要再强调，在熊市结束阶段，市场似乎无视进一步的坏消息和悲观情绪，并且还似乎丧失了严重下跌后的反弹能力，呈现出一种均衡的状态。此时，投机活动陷于低潮，卖方的供应对压低价格没有太大作用，但是也没有出现抬高价格的买方需求。市场因缺乏公众的参与而变得沉闷和乏味，悲观主义盛行，股息停止发放，一些重要的公司陷入财务困境，一定程度的政治动荡普遍存在。基于上述所有原因，股市走出了"线形窄幅整理"的形态。随后，当"线形窄幅整理"向上明确突破时，铁路和工业价格平均指数的日间波动呈现明确的趋势性，每一次反弹都会创出新高，随后的下跌都会高于前低。只有在这个时候而不是之前，才明确表明了适合多头投机的位置。这个阶段需要耐心，当大幅上涨后出现了大幅的回调，而回调没有跌破熊市的低点，并且随后的反弹穿越了熊市最后一次的反弹高点，这个时候就是股票相对安全的买进点。

◎ 精华笔记

牛市的初期与熊市的尾声是很难分辨的。如果熊市的尾声市场处于均衡状态，形成了线形窄幅盘整的形态，这时投资者需要耐心等待确认信号。道氏理论定义的上涨趋势要求市场已经形成更高的高点和更高的低点。

以一段1901年前后的牛市为例来分析熊市转牛市，如图9-1所示。图中使用了常用的标注方式：摆动高点（Swing High，SH）、摆动低点（Swing Low，SL）、更高的高点（Higher High，HH）和更高的低点（Higher Low，HL）。

这段牛市从1900年9月24日最低点52.96点，到1901年6月17日最高点78.26点，涨幅近50%。

尽管图9-1中第一个HH比SH更高,但是总的来说位置比较接近。从SL到HH这一段走势,既可以视为熊市最后的次级运动,也可以视为牛市的第一阶段。道氏理论认为必须耐心等待市场不断地形成HH和HL才能确认熊市转为了牛市。

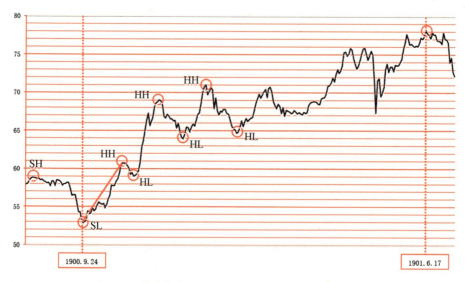

图9-1　道琼斯工业价格平均指数(1900—1911年)

- - - - - - - - -

有些读者也许会问,为什么1930年的次级运动不能表明熊市的结束和新牛市的开始?一种解释是,任何一个价格平均指数的研习者都知道,激烈的反弹从来都不是牛市的开始。此外,在熊市的初始阶段,反弹回升到下跌幅度的25%甚至100%并不罕见。关于牛市的开始已经有很多评论文章,以下内容摘自一篇讨论从很低的价格基础发展成牛市的长篇社论:

"先前的熊市已经让证券的价格远远低于其公允价值。原因在于证券交易所还能为股票提供流动性,而其他市场则完全丧失了流动性。这是股市'晴雨表'的部分效应,股市一定是首先感受普遍性清算的地方。"

"因此,牛市的第一阶段是股票恢复已知价值的阶段。第二个阶段,通常也是历时最长的阶段,股票价格随着整体经济的好转而稳定地重新调整。在这个阶段,经常会见到持续的、长时间的上涨,也会出现最具欺骗性的次

第9章 牛市

级反应运动。牛市的第三个阶段，公众的信心不但包容了当前的股价，还包容了未来预期的价值。"（1923年6月25日）

下文的阐述表明，在牛市缓慢的攀升阶段需要耐心，并且要有勇气经受剧烈的次级反应运动："得到价格平均指数验证的长期经验表明，在持续一年或是更长时间的牛市中，相对于间或发生的次级反应运动的快速回调，上涨的速度看起来较慢。同样，熊市中的反弹也是快速的。"（1910年3月19日）

华尔街"聪明钱"的商业模式是在股价低于其价值的时候买进股票，或是在股价低于未来一段时间后的价格时买进股票，然后在更高的价格水平卖出股票。如果"聪明钱"有足够的智慧和技能执行这样的"低买高卖"，那么就跟其他的商人一样。商人会在棉布和棉制品价格低廉的时候大量买进，并期望在市场回升后以更高的价格出售其商品。当股价低于内在价值的时候，华尔街的精英们评估了未来的前景和潜在的赢利，于是，市场静悄悄的吸筹就开始了。渐渐地，公众认识到股价没有继续下跌，并且意识到悲观情绪或是清算的必要性已经迫使股价过度下跌。随后，公众开始买进股票，优质股票随着供应的减少而价格上升，牛市就形成了。然而，汉密尔顿告诫我们，股市主要趋势的反转从来都不是突然之间发生的。"事实上，无论第一次复苏看起来如何激动人心，但是大型熊市和牛市的逆转不会在一夜之间发生。"（1910年7月29日）

这些关于道氏理论的讨论旨在定义其对交易者的有用性，而不是描述其作为经济预测工具的应用。作者无意冒昧地对汉密尔顿的名著《股市晴雨表》进行修正。汉密尔顿写作的目的在于解释价格平均指数的波动如何成为经济的"晴雨表"。但是，那些运用道氏理论进行投机的人也会认识到，在预测经济趋势上道氏理论同样是有用的工具。

汉密尔顿经常承认"抓顶"的困难。他写道："顶部逆转的确定要比底部困难很多。经过长期的熊市后，由实际赢利、股息收益和资金利率决定的价值线与价格平均指数的差异是显而易见的。即使经过长期的上涨，任何一只股票的价格都还存在未被包容的可能。而且，或许因为市场的复杂性，更确切地说是因为股市'晴雨表'预测的整体经济的持续繁荣，价格运动会在距离顶部相对较近的位置保持很长的时间。事实上，在一个迅猛下跌的熊市之

前，顶部区间的价格运动可能会持续接近一年的时间。"（1926年2月15日）

另外一次，汉密尔顿写道："……准确预测主要运动的顶部超过了股市晴雨表的能力范围。在没有过度投机的情况下，预测顶部会更加困难。"（1923年6月13日）他这里的意思是，在没有过度投机的情况下，即使是一个熟练的道氏理论研习者，也会把后来被证明的熊市第一次下跌认为是牛市中的次级反应运动。

汉密尔顿喜欢使用华尔街的格言来清晰地表达自己的观点。在讨论价格平均指数的时候，他写道："华尔街经验丰富的交易员说，当电梯男童和擦鞋匠都在传递牛市的利多消息时，就是卖出并去钓鱼的时候了。"而在很多牛市的尾声，他则告诫读者，"树木不会长到天上去"。

1929年春季，即最后一次上涨之前，汉密尔顿认为价格平均指数毫无疑义地表明主要运动仍然是向上的。但是他希望读者能够兑现利润并离开市场。以下是他的提醒："……研习者应该问问自己，股价是否已经远远超过了其本身的价值线？人们是不是基于希望并迫不及待地以高价买进股票？"（1929年4月5日）

20年前，即1909年到达最高点的前几天，汉密尔顿同样发出了需要谨慎的呼吁："永远不要忘记，即使国家空前繁荣，股价也不可能永远上涨。当沉重的头部崩跌时，那些创纪录的高价股不可避免会出现一些夸张的价格运动。"（1909年8月24日）

汉密尔顿多次表达了这样的信念："……即使经济继续向好，股市最终也会转向，随后经济也会转向。"（1922年4月6日）经济学家指出，在1929年的牛市结束之前，经济就已经下滑了，或许这是真的。在这样的情况下，相对于其他市场，股市这个锅炉房因牛市而产生的压力最大。不管能否证明股市"晴雨表"在预测经济转向问题上的可靠性，没有人能够质疑这样一个事实：价格平均指数确实在当年的10月给出了趋势已经逆转的确凿证据。任何一个道氏理论的研习者，只要在解读该理论方面有足够的技巧，并学会了如何成功地利用次级反应运动进行交易，都会在9月卖出他的股票。很多人都这样做了。毫无例外，那些没有这样做的人都希望自己当初应该相信道氏理论，而不是自己的判断。

自1897年以来，道琼斯指数记录的所有牛市中，1929年高点之后的转折点最容易解读。

◎ 精华笔记

在1929年股灾之前，20世纪20年代的美国股市总体上是走牛的，如图9-2所示。图中的折线是对这期间主要摆动和次级反应运动的波动空间和时间综合考量之后画出的。雷亚在研究图表时发现如果仅考虑单个因素，就容易抓住一些不太重要的波动，从而忽略掉某些关键的波动。

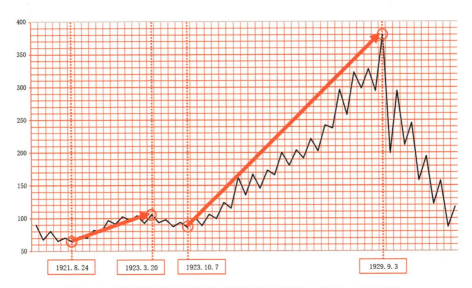

图9-2　道琼斯工业价格平均指数波段折线图（1920—1931年）

第一段牛市，从1921年8月24日最低点63.90点至1923年3月20日最高点105.38点，涨幅近65%。

第二段牛市，从1923年10月7日最低点85.76点至1929年9月3日最高点381.17点，涨幅近350%。

由于第二段牛市的持续时间长，上涨幅度大，导致当时很多投资者产生了某种"牛市惯性"。他们乐观地认为牛市会一直持续下去，市场出现的任何一次下跌都是牛市的次级反应运动。他们不愿意面对市场真的会下跌。但汉密尔顿生前最后一次预测便是在1929年9月，他反复提醒：熊市来了。

∴ ∴ ∴

市场膨胀的所有典型特征都出现了。成交量巨大；经纪人的贷款规模连创新高——事实上，拆借的利率如此之高，使得很多公司用出清库存的方式把现金以很高的利率注入华尔街来牟取暴利；联合坐庄的活动规模令人发指，经纪人办公室门前明目张胆地挂着"自我监管"的牌子；领先股派发的股息低于黄金、债券的收益率，无价值的个股被炒上了高价而无视其内在价值和盈利能力如何。整个国家都被卷入了疯狂的股市。有经验的交易者回顾当时的几个月，肯定想知道他们为什么会如此受到"新时代"观点的蛊惑，以至于把自己困在了不可避免的崩溃中。那些明智的银行家本可以让投机者听取他们的意见而摆脱危局，但是却被"破坏者"的反对声浪所淹没；而另外一些留下"诈骗犯"名声的人在当时则被誉为超人。

如此骚乱的市场也没能动摇道氏理论。1929年春天，价格平均指数表明，股票的供应等于需求——这意味着卖方正在大量派发，而买方正在吸纳。随后，价格平均指数宣告了买方的力量大于卖方，两个价格平均指数都创出了新高，市场沿着上涨路径欢快地跃升。道氏理论说，股市锅炉房的蒸汽足以推动市场再次上涨。

在5月12日至6月5日之间，发生了一场类似于大幅下跌的运动。但事实上，交易量在趋势上涨时增加，而下跌时减少。根据道氏理论，这个事实表明这个阶段不过是牛市中的次级反应运动。

牛市在1929年9月3日到达了顶点。从当天到10月4日发生的一次下跌，似乎只是牛市中另一轮次级反应运动。然而，随后在10月5日开始的反弹，成交量却在减少。在这8个交易日（trading days）中，道氏理论的研习者看着图表，都能知道股市锅炉房的蒸汽压力不足以再次推高股价，原因在于成交量在价格上涨时持续减少。当时的图表分析师注意到，价格回升仅仅满足了熊市反弹的最低幅度。因此，工业价格平均指数约为350点的时候，道氏理论的研习者就有了一个明确的信号，在接近高点的位置清仓离场。这个位置距离高点不到10%！接下来，那些还没有离场的人每天都得到了更强烈的警告，因为成交量随着价格下跌在增加。当10月20日那周跌破了10月4日的低点时，所有能够解读价格平均指数的人都能毫无疑问地得出股市进入熊市的结论。

汉密尔顿笔下对股市主要趋势的最后一次预测，是他明确宣布1929年9月开始大熊市的到来。随着价格平均指数的图表形态日复一日的延展，对他来说，不祥的预兆是显而易见的。1929年9月23日刊登在《巴伦周刊》上的一篇研究价格运动的文章说，价格平均指数形成了线形窄幅整理的形态。1929年10月21日，《巴伦周刊》提醒人们注意一系列的反弹和下跌，这是一个看跌的暗示。1929年10月25日，《华尔街日报》发表了一篇著名的评论文章，标题为"潮流的转向"，明确宣布从9月以来的下跌是主要熊市的第一阶段。汉密尔顿在几周后突然去世，其最后一次关于主要趋势逆转的预测成了他最好的预测。这实在太合适了。

第 10 章
次级反应运动

10

◉ 导读笔记

1. 次级反应运动主要是指牛市中的重要下跌和熊市中的重要上涨。它是参与市场交易的人们在主要运动的背景下通过买卖交易自然产生的运动形式。

2. 牛市的第一阶段与熊市最后的次级反应运动难以区分，不建议投资者参与。

3. 熊市的第一阶段与牛市最后的次级反应运动同样不好区分，建议投资者谨慎持仓。

4. 在分析市场的次级反应运动时，可以得到很多经验性的统计数据，这些数据可以作为投资时的参考。需要注意的是，每一次实战交易都不能迷信经验数据，必须考虑交易时的市场环境和量价关系等因素。

· · · · · · · ·

> 为了便于讨论，我们把牛市中的重要下跌运动和熊市中的重要上涨运动均视为次级反应运动，持续时间通常为三周到几个月。次级反应运动的回调，以前一轮次级反应运动的结束点开始的主要趋势的运动幅度为参考，一般回撤33%～67%。这些次级反应运动往往会被误以为主要趋势运动发生了变化。原因显而易见，牛市的第一阶段与后来被证明是熊市的次级反应运动有着极高的相似性。牛市见顶后的情形正好相反。

如同蒸汽锅炉的减压阀一样，次级反应运动对于股市来说也是不可或缺的。次级反应运动是保证金交易者最大的风险，同时也为那些能够识别次级反应运动并且不会将其与趋势逆转混淆的道氏理论研习者提供了最大的获利机会。汉密尔顿曾经说："次级反应运动是牛市的安全措施之一，是对过度投机最有效的测试。"

当市场正在运行次级反应运动的时候，人们经常会问："它将走多远？"就价格平均指数来说，合理且安全的说法是，以主要运动前一次被中断后的价格变化为标准，重要的次级反应运动通常回撤的幅度为其33%～67%或者更多。这样的总结可能非常有用，但那些试图精确界定次级反应运动的人注定会失败。精确界定次级反应运动就像天气预报员精确预测在特定的时间内降雪量是三英寸半一样。天气预报员在是否降雪和可能降雪的时间上通常都是对的，但是他无法成功预测暴风雪的具体时间和降雪的实际厚度。道氏理论的研习者也是同样的情形。

◎ 精华笔记

尽管次级反应运动结束的时间和空间无法精确预测，但是利用常见的回撤比例33%～67%可以估算次级反应运动可能结束的空间。等到市场在预计的价格空间内表现出了符合大趋势方向的量价行为，才可以考虑进场交易。

以牛市为例，如图10-1所示，牛市的第①段和第③段主要摆动已经确定，第②段次级反应运动形成了更高的低点HL1。根据第③段的上涨空间h，估算第④段次级反应运动的终点HL2可能出现在什么位置。投资者依据市场在估算位置附近的量价行为，制订交易计划。

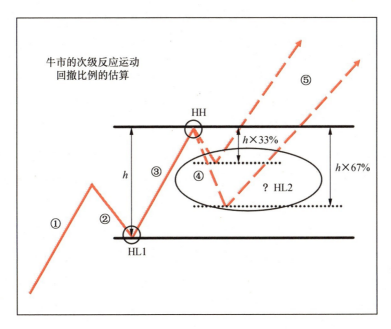

图10-1　估算牛市的次级反应运动的回撤比例

假设第③段的起点价格为 3.50 元，终点价格为 5.80 元。

$$h=5.8-3.5=2.2（元）$$

当回撤比例为 33% 时，计算第④段的终点价格：

$$HL2=5.8-2.2\times 0.33\approx 5.07（元）$$

当回撤比例为 67% 时，计算第④段的终点价格：

$$HL2=5.8-2.2\times 0.67\approx 4.33（元）$$

当市场回调到 4.33～5.07 元的价格空间时，如果市场出现了明显的缩量行为，尤其价格又呈现出线形窄幅整理的形态，此时是比较好的交易机会。

● ● ● ● ● ● ● ●

导致出现次级反应运动的因素有很多，其中最重要的因素是熊市中的超卖和牛市中的超买。超卖或超买的情况会随着市场主要趋势的发展而加重，通常被称为市场的"技术状态"。一般情况下，次级反应运动会被归咎于某一特定的消息，但真正的原因在于市场自身的弱势，使其很容易受到这类发展的影响。

随着牛市的健康发展，公众会更广泛地参与其中，他们通常是基于能够以更高的价格卖出的希望而买进。但是，未来总有一天卖方的力量会大于买方。专业交易员总是警惕这种情况。当这样的情形出现后，专业交易员就会卖空，让市场充斥着空单；而公众则会恐慌地抛售股票，从而对趋势的反转推波助澜。在各种卖压的综合作用下市场急速下跌。下跌期间，几天的跌幅等同于先前几周的涨幅。剧烈下跌会暴露出弱势的多头头寸，并引出边际卖出。因此，股价被压低到精明的交易者为下一次上涨而开始吸筹的水平。

熊市则是相反的情形。那些更愿意或需要持有现金的人持续抛售证券，导致价格逐日走低；而专业交易员意识到市场向下的空间大于向上的空间，他们的卖空交易加速了市场的下跌。最终，股价被迫跌到质押价的下方。明智的交易员意识到，空头可能走得太远了，至少在短期内市场的清算已经结束。因此，他们开始积累股票，为即将到来的反弹做准备。对价格平均指数的研究表明，这种反弹会周期性出现。1910年7月29日，当这种情况出现时，汉密尔顿写道："现在似乎已经开始的反弹，在大约上一次下跌幅度的40%附近，应该会迅速恢复。如果市场在反弹后变得沉闷，大多数专业人士会卖出股票。因为他们认为市场理论上不存在充足的购买力，从而支持真正的牛市趋势的可能性。"

报纸通常会把这样的情形宣传为"空头逃逸"。做空者快速平仓空头头寸，并通常反手短线做多，加上一些不明智的投资买进，导致整个市场急速上升。反弹会持续到买盘乏力。这个时候，那些做反弹的人就会兑现他们的利润。古老的供需法则继续发挥作用，价格再次下跌，直到需求再次超过供应。在恐慌或半恐慌的下跌中，银行或是其他的机构会买进一些股票以支撑市场。这些股票也会在反弹中被小心翼翼地卖出。1909年5月21日就是这样的情形，汉密尔顿写道："成交量的减少有不同的含义。华尔街经常引用的陈词滥调之一是：永远不要在市场沉闷时卖空。这个建议通常情况下对的时候多过错的时候。但在一个持续下跌的熊市中，它总是错误的。在这样的下跌中，市场在反弹时变得平淡，而在下跌时变得活跃。"

次级反应运动总是让人困惑，汉密尔顿经常这样表达他的困惑："牛市的次级反应运动很难猜测，即使出现了指示信号也会有误导性。"次级反应运动频繁地提供很多主要趋势逆转的特征信号，例如牛市逆转为熊市。正是交易者头脑中同样的混淆，才使得次级反应运动成为整个市场最有价值的保险。1924年9月11日，汉密尔顿在评论次级反应运动时说："对这个问题20多年的讨论经验表明，次级反应运动本身的表现说明它与牛市主要运动的特征不同，不受牛市主要运动的内在规律支配。牛市中的次级反应运动只是在方向上与熊市相似，但本质上不一样。"牛市中上升的压力过大时，次级反应运动就会发生，就如同蒸汽锅炉在压力过大时，会通过安全阀释放压力一样。1922年11月3日，汉密尔顿提到："道氏理论是一个非经验主义或者非江湖骗术的科学体系，应当研究牛市中次级反应运动的原理。在此之前我曾经指出过，市场发展导致的次级反应运动不能被提前预测，次级反应运动对清除超买的多头头寸有显著的效果。因此，次级反应运动是市场在提供最有价值的服务功能，即释放风险。价格回撤到了更安全的水平，直到市场完全包容已知的和未知的利空。事实上我们可以这样说，熊市观点被市场消化的过程就是其利空兑现的过程。"

熊市中交易清淡的平静阶段是做空的好时机，因为通常会演变为严重的下跌。随后，在市场急剧下跌导致市场进入半恐慌时，聪明的做空者应回补空头，甚至可以多头买进。另外，当平静而坚挺的市场变得活跃并上涨时买进股票，平仓既可以在市场持续强势的活跃阶段卖出，也可以在放量滞涨的时候卖出。但是，投机者在牛市中卖空只是在猜测次级反应运动的出现，这样的卖空操作赢利的可能性很小。对于投机者来说，更好的方法是上涨卖出赢利后，在市场回调阶段站在场外，等待回调后必然到来的沉闷期出现后再进场。次级反应运动后的沉闷期给了业余交易者一个机会，即在相同的条件下，与最有经验的专业交易员"同行"。

人们能够识别和确认次级反应运动的某些特征，但是次级反应运动的另外一些特征即使专业交易员也难以预测。普遍认为，不可能精确预测次级反应运动的起始点。任何与主要趋势方向相反的日间波动都可能是次级反应运动的开始。通常情况下，当股市处于恐慌或半恐慌的崩跌时，可以通过持续增加的成交量来判断反弹的起始点，而成交量的顶点可能出现在主要趋势的最后一天，或是反弹的第一天和第二天。次级反应运动有一个明确的特征，这种逆主要趋势方向的运动速度总是比先前的趋势运动快很多。汉密尔顿注意到："在主要熊市中反弹既迅猛又不稳定。相对于先前的下跌，反弹的时间要短很多。而在牛市中则相反。"主要趋势运动经常花几周的时间形成，但在几天内就会回撤完。道氏理论的研习者，通过查阅多年的价格平均指数的图表就能发现此类运动的相似之处。这样的研究也使他们能够相对精准地掌握次级反应运动与主要运动的区别。在牛市的顶部，当价格平均指数转跌时，总体来说没有剧烈的下跌。另外，从随后被证明是牛市开始的熊市反弹，通常会是缓慢的攀升和频繁的小幅回调，而且回调阶段的成交量明显在减少。

两种价格平均指数几天内不再相互验证的现象，通常预示次级反应运动的开始。但是，不能把这个特征作为规则，因为在多数牛市的顶部或熊市的底部，也会观察到这种现象。

关于次级反应运动，汉密尔顿在1921年12月30日撰写的一篇评论文章中写道："华尔街的一句古老格言是'永远不要在市场沉闷时卖空'。熊市的反弹是迅猛的，但是经验丰富的交易员会在反弹后的沉闷期明智地再次做空；而在牛市中情况恰恰相反，交易员会在回调后变得沉闷时买进股票。"

重要的次级反应运动通常呈现一个模式，逆势运动会在两个或三个阶段内完成。当然，工业和铁路价格平均指数会在这些运动中相互验证。为了说明这一点，下面就价格平均指数的次级反应运动举例说明，其中包括牛市中的次级反应运动和熊市中的次级反应运动。

有一个典型的牛市中的正常次级反应运动的例子，发生在1928年5月14日前的长期上涨之后。当天，工业价格平均指数为220.88点，而铁路价格平均指数于5月9日到达高点147.05点。在9日和14日之间，这两个价格平均指数没有相互确认。5月22日，工业价格平均指数下跌至211.73点，铁路价格平均指数下跌至142.02点，随后的反弹发生在6月2日，工业价格平均指数达到220.96点，但铁路价格平均指数止步于144.33点。6月12日，工业价格平均指数为202.65点，铁路价格平均指数为134.78点。这次下跌随后两天反弹至6月14日，工业价格平均指数为210.76点，铁路价格平均指数为138.10点。然后市场回落，6月18日，工业价格平均指数降至201.96点，铁路价格平均指数降至133.51点，但成交量曲线稳步下降，低点时略高于100万股。而在过去几个月里，成交量在200到400万股之间。这次下跌在通常的次级反应运动的范围内结束了。

在1931年6月至7月，出现了一次典型的熊市中的次级反应运动。从2月24日开始的长期下跌将工业价格平均指数从194.36点降至6月2日的121.70点，将铁路价格平均指数从111.58点降至6月3日的66.85点。随着接近低点，成交量逐渐增加。工业价格平均指数在6月4日反弹至134.73点，铁路价格平均指数为76.17点；随后在6月6日，工业价格平均指数下降至129.91点，铁路价格平均指数下降至73.72点，并在6月13日分别反弹至137.03点和79.65点。到了6月19日，两个指数分别为130.31点和74.71点。在此之后，次级反应运动的最后一次反弹发生，在6月27日达到了高点，工业价格平均指数为156.93点，铁路价格平均指数为88.31点。成交量曲线显示，在达到高峰之前的几天内成交量逐渐减少。这轮次级反应运动持续了约四周，在此期间，工业价格平均指数恢复了主要趋势下跌段幅度的45%，铁路价格平均指数恢复了48%。该主要趋势下跌段发生在2月24日之后，也就是上一轮次级反应运动达到高点的日期。

牛市中的次级反应运动有个一致性的特征，就是回调的极限低点通常伴随着相当大的成交量；随后，市场通常会在保持成交量或稍微缩量的情况下上涨一两天；然后继续下跌，但下跌不会跌破最近的低点。如果最后一次下跌的成交量明显减少，就可以合理假设次级反应运动已经结束，主要的牛市趋势可能恢复。合理假设的前提是次级反应运动已经走完了正常的历程，回撤的低点在前一个主要趋势上涨段的33%到67%之间。

本章末尾的表10-2和表10-3以百分比的形式呈现次级反应运动的范围。

需要强调的重点是，在研究次级反应运动的时候，每一个交易者一定要关注成交量的情况。成交量并不像其他特征具备统一性的含义，但是在牛市中确定安全的买点或熊市中确定安全的卖点方面，具有很高的价值。

每当价格在熊市中突破新低或在牛市中突破新高时，通常可以安全地假设主要趋势方向将会持续相当长的时间。但是，每一个交易者都应当牢记，从这些新低点或是新高点可能出现次级反应运动，其速度之快会令人惊讶。如表10-2和表10-3显示的次级反应运动，从中可以看出次级反应运动是不可避免的，很容易对其运动范围进行定义，就如同其持续时间通常为三周到三个月的时间一样。这个阶段对于保证金交易者来说是一个焦虑的时期，并且会常常听到"双底"和"双顶"的说法。只要价格在主要运动的前一个趋势段和次级反应运动可能的范围内运动，市场就处于很少有交易者参与的"无人区"。这个时候，线形窄幅整理就很容易出现。

次级反应运动相对容易描述，但不合适精确定义。有时候它会以线形窄幅整理开始或结束，有时候并不会这样。如果先前的主要运动非常缓慢，次级反应运动可能就会很剧烈；而每一个超过八周的次级反应运动通常呈现明确的线形窄幅整理的特征。

多年来，汉密尔顿在次级反应运动的持续时间和范围方面有很多论述。那些愿意研究他的全部评论文章的人会发现，许多文章阐述了典型的次级反应运动的特征。以下摘录体现了他在这一问题上的主要思考。

· · · · · · · · ·

几年前，汉密尔顿指出次级反应运动"往往倾向于过度的回撤反应。正如过去25年的股市记录表明，熊市中次级反应运动的回撤通常是其下跌幅度的60%。在反弹阶段，那些支持其弱势头寸而进场买进的强势集团会派发他们为护盘买进的股票。未来的走势取决于市场吸纳这些股票的能力。在这次自动反弹后，紧随其后的是半恐慌性下跌，市场通常会再次出现抛售，日复一日地缓慢下跌，往往会接近第一次卖出高潮所确立的低点。这不一定是主要下跌趋势结束的标志，尽管有时候的确是这样"。（1926年4月4日）

"与严重下跌不同，在真正的市场恐慌性下跌后，价格平均指数总是呈现一种规律性的反弹运动：先是大约40%到60%的下跌会恢复，然后随着在恐慌性下跌中为保护市场而买进的股票被卖出，股价又会下

跌。"（1907 年 12 月 25 日）

"已经发现，在经历严重下跌之后，一般是 40% 或更多的反弹。其反弹的速度相对缓慢，由上上下下的小幅波动构成。市场的表现就像一个钟摆，在不断地下跌中达到平衡。这通常是市场恐慌下跌之后的情形。"（1910 年 9 月 20 日）

"经过多年的测试，价格平均指数表明，经历长时间上涨之后的下跌通常会恢复约一半，并且市场会在第一次回调的低点和高点之间来回摆动，直到出现新的驱动力。"（1906 年 4 月 16 日）

● ● ● ● ● ● ●

以上的评论是汉密尔顿对次级反应运动进行大量研究工作后的灵感。这些研究毫无疑问地证明了汉密尔顿对次级反应运动观察的正确性。这项研究基于对一个事实的共识，就是任何人都无法用精确的数学来解释道氏理论中次级反应运动持续的时间和范围。如前所述，道氏理论是实践性的，无法通过数学计算来定义。然而，如同气象局多年的记录对天气预报有用一样，对次级反应运动持续时间和范围的记录和观察，对于研究市场未来的发展也会有参考意义。

道琼斯公司记录了过去 35 年来工业和铁路价格平均指数的历史波动，就其中的次级反应运动的确定规则和列表方式，任何两个研究者都不会达成共识。本书作者尝试了多种方法对次级反应运动进行分类，每一种方法都需要很多周时间的烦琐工作，但是没有一种方法能够令人完全满意。其中一种方法是把超过 15 天的运动视为次级反应运动，其余的全部忽略。该方法的结果是排除了许多真正重要的次级反应运动，而一些微不足道的运动却被保留下来。另外一种方法是忽略时间因素，以 5% 的价格平均指数变动范围作为次级反应运动的标准；然后把百分比提高到 7.5%，再提高到 10%。这个方法仍然会漏掉一些真正重要的次级反应运动，而一些微不足道的运动依旧存在。最终，作者开发了一种筛选方法，该方法似乎能够保留重要的次级反应运动，忽略微小的运动。但是由于该方法过于复杂，在此不予讨论。表 10-1 统计了 35 年价格平均指数的上涨段和下跌段；随后以表 10-1 作为底表制作了表 10-2 和表 10-3，分别统计牛市和熊市中的主要摆动与次级反应运动的详细情况；然后对表 10-2 和表 10-3 的数据进行统计分析，得出了以下结论。

在熊市中，主要摆动的平均持续时间为 95.6 天；次级反应运动的平均持续时间为 66.5 天，或前一轮主要摆动所用时间的 69.6%。在牛市中，主要摆动平均持续时间为 103.5 天，次级反应运动为 42.2 天，或主要摆动时间的 40.8%。

汉密尔顿经常表示，次级反应运动往往会持续三周到几个月。在检验这条规则时，作者发现 65.5% 的熊市中的次级反应运动在 20 天到 100 天之间结束，平均为 47.3 天，其中 45% 的次级反应运动在 25 天到 55 天内达到了反向运动的极点。相应地，牛市中的数据显示，60.5% 的次级反应运动在 20 天到 100 天的范围内结束，这些次级反应运动的平均持续时间为 42.8 天，其中 44.2% 的次级反应运动持续的时间为 25 天到 55 天。

汉密尔顿经常表示，次级反应运动通常会回撤前一个主要摆动价格变动的 40% 到 60%。在检验这一结论时，作者发现熊市中的所有次级反应运动平均反弹到前一轮主要下跌的 55.8%，其中 72.5% 的次级反应运动在前一轮主要下跌段的三分之一到三分之二之间。在这些次级反应运动中，平均反弹幅度为前一轮主要趋势运动区间的 49.5%。

相应的牛市数据如下：所有次级反应运动平均回撤到前一轮主要上涨段的 58.9%，但只有 50.0% 的下跌在前一轮上涨的三分之一到三分之二的范围内结束。在这些次级反应运动中，平均回撤比例为 54.9%。

次级反应运动在熊市和牛市中的相似性足以让我们把它们作为一个整体来考虑，而不是将它们视为两种特征不同的运动。从这个角度出发，所有的主要摆动平均持续了 100.1 个日历日（calendar days），然后被重要的次级反应运动所中断。所有次级反应运动的平均持续时间为 52.2 天，平均回撤比例为前一轮主要摆动段的 57.6%。

如果我们能够说，绝大多数次级反应运动会在57%左右的回撤点终止，那么预测就会很容易。然而不幸的是，仔细的分析表明，7.1%的次级反应运动会在回撤前一轮主要摆动段的10%到25%后终止；25.4%会在回撤25%到40%后终止；18.8%会在回撤40%到55%后终止；26.7%会在回撤55%到70%后终止；8.5%会在回撤70%到85%后终止，而还有14%的回撤会超过85%。

在考虑次级反应运动时，时间通常是有用的因素。因为73%的次级反应运动会在55个日历日内结束，60%会在25到55个日历日之间结束。

表10-1　道琼斯工业价格平均指数的主要摆动及次级反应运动（1897—1931年）

	日期	收盘价
下降终点	1897.4.19	38.49
上升终点	1897.9.10	55.82
下降终点	1897.11.8	45.65
上升终点	1898.2.5	50.23
下降终点	1898.3.25	42.00
上升终点	1898.6.2	53.36
下降终点	1898.6.15	50.87
上升终点	1898.8.26	60.97
下降终点	1898.10.19	51.56
上升终点	1899.4.25	77.28
下降终点	1899.5.31	67.51
上升终点	1899.9.5	77.61
下降终点	1899.12.18	58.27
上升终点	1900.2.5	68.36
下降终点	1900.6.23	53.68
上升终点	1900.8.15	58.90
下降终点	1900.9.24	52.96
上升终点	1900.11.20	69.07
下降终点	1900.12.8	63.98

（续表）

	日期	收盘价
上升终点	1900.12.27	71.04
下降终点	1901.1.19	64.77
上升终点	1901.5.1	75.93
下降终点	1901.5.9	67.38
上升终点	1901.6.17	78.26
下降终点	1901.8.6	69.05
上升终点	1901.8.26	73.83
下降终点	1901.12.12	61.61
上升终点	1902.4.24	68.44
下降终点	1902.12.15	59.57
上升终点	1903.2.16	67.70
下降终点	1903.8.8	47.38
上升终点	1903.8.17	53.88
下降终点	1903.10.15	42.25
上升终点	1904.1.27	50.50
下降终点	1904.3.12	46.41
上升终点	1904.12.5	73.23
下降终点	1904.12.12	65.77
上升终点	1905.4.14	83.75
下降终点	1905.5.22	71.37
上升终点	1906.1.19	103.00
下降终点	1906.7.13	85.18
上升终点	1906.10.9	96.75
下降终点	1907.3.25	75.39
上升终点	1907.5.3	85.02
下降终点	1907.8.21	69.26
上升终点	1907.9.6	73.89
下降终点	1907.11.22	53.08

(续表)

	日期	收盘价
上升终点	1908.1.14	65.84
下降终点	1908.2.10	58.80
上升终点	1908.5.18	75.12
下降终点	1908.6.23	71.70
上升终点	1908.8.10	85.40
下降终点	1908.9.22	77.07
上升终点	1908.11.13	88.38
下降终点	1909.2.23	79.91
上升终点	1909.8.14	99.26
下降终点	1909.11.29	95.89
上升终点	1909.12.29	99.28
下降终点	1910.2.8	85.03
上升终点	1910.3.8	94.56
下降终点	1910.7.26	73.62
上升终点	1910.10.18	86.02
下降终点	1910.12.6	79.68
上升终点	1911.6.19	87.06
下降终点	1911.9.25	72.94
上升终点	1912.4.26	90.93
下降终点	1912.7.12	87.97
上升终点	1912.9.30	94.15
下降终点	1913.3.20	78.25
上升终点	1913.4.4	83.19
下降终点	1913.6.11	72.11
上升终点	1914.2.3	83.19
下降终点	1914.12.24	53.17
上升终点	1915.1.23	58.52
下降终点	1915.2.24	54.22

（续表）

	日期	收盘价
上升终点	1915.4.30	71.78
下降终点	1915.5.14	60.38
上升终点	1915.10.22	96.46
下降终点	1916.4.22	84.96
上升终点	1916.11.21	110.15
下降终点	1917.2.2	87.01
上升终点	1917.6.9	99.08
下降终点	1917.12.19	65.95
上升终点	1918.2.19	82.08
下降终点	1918.4.11	75.58
上升终点	1918.5.15	84.04
下降终点	1918.6.1	77.93
上升终点	1918.9.3	83.84
下降终点	1918.9.11	80.46
上升终点	1918.10.18	89.07
下降终点	1919.2.8	79.15
上升终点	1919.7.14	112.23
下降终点	1919.8.20	98.46
上升终点	1919.11.3	119.62
下降终点	1919.11.29	103.60
上升终点	1920.1.3	109.88
下降终点	1920.2.25	89.98
上升终点	1920.4.8	105.65
下降终点	1920.5.19	87.36
上升终点	1920.7.8	94.51
下降终点	1920.8.10	83.20
上升终点	1920.9.17	89.95
下降终点	1920.12.21	66.75

(续表)

	日期	收盘价
上升终点	1921.5.5	80.03
下降终点	1921.6.20	64.90
上升终点	1921.8.2	69.95
下降终点	1921.8.24	63.90
上升终点	1921.9.10	71.92
下降终点	1921.10.17	69.46
上升终点	1921.12.15	81.50
下降终点	1922.1.10	78.59
上升终点	1922.5.29	96.41
下降终点	1922.6.12	90.73
上升终点	1922.9.11	102.05
下降终点	1922.9.30	96.30
上升终点	1922.10.14	103.43
下降终点	1922.11.27	92.03
上升终点	1923.3.20	105.38
下降终点	1923.5.21	92.77
上升终点	1923.5.29	97.66
下降终点	1923.7.31	86.91
上升终点	1923.8.29	93.70
下降终点	1923.10.27	85.76
上升终点	1924.2.6	101.31
下降终点	1924.5.20	88.33
上升终点	1924.8.20	105.57
下降终点	1924.10.14	99.18
上升终点	1925.1.22	123.60
下降终点	1925.3.30	115.00
上升终点	1926.2.13	162.08
下降终点	1926.3.30	135.20

（续表）

	日期	收盘价
上升终点	1926.8.14	166.64
下降终点	1926.10.19	145.66
上升终点	1927.5.31	172.96
下降终点	1927.6.27	165.73
上升终点	1927.10.3	199.78
下降终点	1927.10.22	179.78
上升终点	1928.1.3	203.35
下降终点	1928.2.20	191.33
上升终点	1928.6.2	220.96
下降终点	1928.6.18	201.96
上升终点	1928.9.7	241.72
下降终点	1928.9.27	236.87
上升终点	1928.11.28	295.62
下降终点	1928.12.8	257.33
上升终点	1929.2.5	322.03
下降终点	1929.3.25	297.50
上升终点	1929.5.4	327.08
下降终点	1929.5.27	293.42
上升终点	1929.9.3	381.17
下降终点	1929.11.13	198.69
上升终点	1930.4.17	294.07
下降终点	1930.6.24	211.84
上升终点	1930.9.10	245.09
下降终点	1930.12.16	157.51
上升终点	1931.2.24	194.36
下降终点	1931.6.2	121.70
上升终点	1931.6.27	156.93
下降终点	1931.10.5	86.48
上升终点	1931.11.9	116.79

表10-2 道琼斯工业价格平均指数在牛市的主要摆动及对应的次级反应运动
（1897-1929年）

主要摆动				次级反应运动				
开始日期	结束日期	自然天数	上涨点数	开始日期	结束日期	自然天数	回撤点数	回撤比例
1897.4.19	1897.9.10	144	17.33	1897.9.10	1897.11.8	59	10.17	58.7%
1897.11.8	1898.2.5	89	4.58	1898.2.5	1898.3.25	48	8.23	179.7%
1898.3.25	1898.6.2	69	11.36	1898.6.2	1898.6.15	13	2.49	21.9%
1898.6.15	1898.8.26	72	10.10	1898.8.26	1898.10.19	54	9.41	93.2%
1898.10.19	1899.4.25	788	25.72	1899.4.25	1899.5.31	86	9.77	38.0%
1899.5.31	1899.9.5	97	10.10					
1900.9.24	1900.11.20	57	16.11	1900.11.20	1900.12.8	18	5.09	31.6%
1900.12.8	1900.12.27	19	7.06	1900.12.27	1901.1.19	23	6.27	88.8%
1901.1.19	1901.5.1	102	11.16	1901.5.1	1901.5.9	8	8.55	76.6%
1901.5.9	1901.6.17	39	10.88					
1903.10.15	1904.1.27	104	8.25	1904.1.27	1904.3.12	44	4.09	49.6%
1904.3.12	1904.12.5	268	26.82	1904.12.5	1904.12.12	7	7.46	27.8%
1904.12.12	1905.4.14	123	17.98	1905.4.14	1905.4.14	38	12.38	68.9%
1905.5.22	1906.1.19	242	31.63					
1907.11.22	1908.1.14	53	12.76	1908.1.14	1908.2.10	27	7.04	55.2%
1908.2.10	1908.5.18	97	16.32	1908.5.18	1908.6.23	36	3.42	21.0%
1908.6.23	1908.8.10	48	13.70	1908.8.10	1908.9.22	43	8.33	60.8%
1908.9.22	1908.11.13	52	11.31	1908.11.13	1909.2.23	102	8.47	74.9%
1909.2.23	1909.8.14	172	19.35					
1911.9.25	1912.4.26	213	17.99	1912.4.26	1912.7.12	77	2.96	16.5%
1912.7.12	1912.9.30	80	6.18					
1914.12.24	1915.1.23	30	5.35	1915.1.23	1915.2.24	32	4.30	80.4%
1915.2.24	1915.4.30	65	17.56	1915.4.30	1915.5.14	15	11.40	64.9%
1915.5.14	1915.10.22	161	36.08	1915.10.22	1916.4.22	182	11.50	31.9%

（续表）

主要摆动				次级反应运动				
开始日期	结束日期	自然天数	上涨点数	开始日期	结束日期	自然天数	回撤点数	回撤比例
1916.4.22	1916.11.21	213	25.19					
1917.12.19	1918.2.19	62	16.13	1918.2.19	1918.4.11	51	6.50	40.3%
1918.4.11	1918.5.15	34	8.46	1918.5.15	1918.6.1	17	6.11	72.2%
1918.6.1	1918.9.3	94	5.91	1918.9.3	1918.9.11	8	3.38	57.2%
1918.9.11	1918.10.18	37	8.61	1918.10.18	1919.2.8	113	9.92	115.2%
1919.2.8	1919.7.14	156	33.08	1919.7.14	1919.8.20	37	13.77	41.6%
1919.8.20	1919.11.3	75	21.16					
1921.8.24	1921.9.10	17	8.02	1921.9.10	1921.10.17	37	2.46	30.7%
1921.10.17	1921.12.15	59	12.04	1921.12.15	1922.1.10	26	2.91	24.2%
1922.1.10	1922.5.29	138	17.82	1922.5.29	1922.6.12	14	5.68	31.9%
1922.6.12	1922.9.11	91	11.32	1922.9.11	1922.9.30	19	5.75	50.8%
1922.9.30	1922.10.14	14	7.13	1922.10.14	1922.11.27	44	11.40	159.9%
1922.11.27	1923.3.20	118	13.35					
1923.10.27	1924.2.6	102	15.55	1924.2.6	1924.5.20	103	12.98	83.5%
1924.5.20	1924.8.20	92	17.24	1924.8.20	1924.10.14	55	6.39	37.1%
1924.10.14	1925.1.22	100	24.42	1925.1.22	1925.3.30	67	8.60	35.2%
1925.3.30	1926.2.13	320	47.08	1926.2.13	1926.3.30	45	26.88	57.1%
1926.3.30	1926.8.14	137	31.44	1926.8.14	1926.10.19	66	20.98	66.7%
1926.10.19	1927.5.31	224	27.30	1927.5.31	1927.6.27	27	7.23	26.5%
1927.6.27	1927.10.3	98	34.05	1927.10.3	1927.10.22	19	20.00	58.7%
1927.10.22	1928.1.3	73	23.57	1928.1.3	1928.2.20	48	12.02	51.0%
1928.2.20	1928.6.2	102	29.63	1928.6.2	1928.6.18	16	19.00	64.1%
1928.6.18	1928.9.7	81	39.76	1928.9.7	1928.9.27	20	4.85	12.2%
1928.9.27	1928.11.28	62	58.75	1928.11.28	1928.12.8	10	38.29	65.2%

（续表）

主要摆动				次级反应运动				
开始日期	结束日期	自然天数	上涨点数	开始日期	结束日期	自然天数	回撤点数	回撤比例
1928.12.8	1929.2.5	59	64.70	1929.2.5	1929.3.25	48	24.53	37.9%
1929.3.25	1929.5.4	40	29.58	1929.5.4	1929.5.27	23	33.66	113.8%
1929.5.27	1929.9.3	99	87.75					

表10-3 道琼斯工业价格平均指数在熊市的主要摆动及对应的次级反应运动（1899—1931年）

主要摆动				次级反应运动				
开始日期	结束日期	自然天数	下跌点数	开始日期	结束日期	自然天数	反弹点数	反弹比例
1899.9.5	1899.12.18	104	19.34	1899.12.18	1900.2.5	49	10.09	52.2%
1900.2.5	1900.6.23	138	14.68	1900.6.23	1900.8.15	53	5.22	35.6%
1900.8.15	1900.9.24	40	5.94					
1901.6.17	1901.8.6	50	9.21	1901.8.6	1901.8.26	20	4.78	51.9%
1901.8.26	1901.12.12	108	12.22	1901.12.12	1902.4.24	133	6.83	55.9%
1902.4.24	1902.12.15	235	8.87	1902.12.15	1903.2.16	63	8.13	91.7%
1903.2.16	1903.8.8	173	20.32	1903.8.8	1903.8.17	9	6.50	32.0%
1903.8.17	1903.10.15	59	11.63					
1906.1.19	1906.7.13	175	17.82	1906.7.13	1906.10.9	88	11.57	64.9%
1906.10.9	1907.3.25	167	21.36	1907.3.25	1907.5.3	39	9.63	45.1%
1907.5.3	1907.8.21	110	15.76	1907.8.21	1907.9.6	16	4.63	29.4%
1907.9.6	1907.11.22	77	20.81					
1909.8.14	1909.11.29	107	3.37	1909.11.29	1909.12.29	30	3.39	100.6%
1909.12.29	1910.2.8	41	14.25	1910.2.8	1910.3.8	28	9.53	66.9%
1910.3.8	1910.7.26	140	20.94	1910.7.26	1910.10.18	84	12.40	59.2%
1910.10.18	1910.12.6	49	6.34	1910.12.6	1911.6.19	195	7.38	116.4%
1911.6.19	1911.9.25	98	14.12					

第10章 次级反应运动

(续表)

主要摆动				次级反应运动				
开始日期	结束日期	自然天数	下跌点数	开始日期	结束日期	自然天数	反弹点数	反弹比例
1912.9.30	1913.3.20	171	15.90	1913.3.20	1913.4.4	15	4.94	31.1%
1913.4.4	1913.6.11	68	11.08	1913.6.11	1914.2.3	237	11.08	100.0%
1914.2.3	1914.12.24	324	*10.80					
1916.11.21	1917.2.2	73	23.14	1917.2.2	1917.6.9	127	12.07	52.2%
1917.6.9	1917.12.19	135	33.13					
1919.11.3	1919.11.29	26	16.02	1919.11.29	1920.1.3	85	6.28	39.2%
1920.1.3	1920.2.25	53	19.90	1920.2.25	1920.4.8	42	15.67	78.7%
1920.4.8	1920.5.19	51	18.29	1920.5.19	1920.7.8	50	7.15	39.1%
1920.7.8	1920.8.10	33	11.31	1920.8.10	1920.9.17	38	6.75	59.7%
1920.9.17	1920.12.21	95	23.20	1920.12.21	1921.5.5	135	13.28	57.2%
1921.5.5	1921.6.20	46	15.13	1921.6.20	1921.8.2	43	5.05	33.4%
1921.8.2	1921.8.24	22	6.05					
1923.3.20	1923.5.21	62	12.61	1923.5.21	1923.5.29	8	4.89	38.8%
1923.5.29	1923.7.31	63	10.75	1923.7.31	1923.8.29	29	6.79	63.2%
1923.8.29	1923.10.7	59	7.94					
1929.9.3	1929.11.13	71	182.48	1929.11.13	1930.4.17	155	95.38	52.3%
1930.4.17	1930.6.24	68	82.23	1930.6.24	1930.9.10	78	33.25	40.4%
1930.9.10	1930.12.16	97	87.58	1930.12.16	1931.2.24	70	36.85	42.1%
1931.2.24	1931.6.2	98	72.66	1931.6.2	1931.6.27	25	35.23	48.5%
1931.6.27	1931.10.5	100	70.45	1931.10.5	1931.11.9	35	30.31	43.0%
1931.11.9	1932.1.5	57	45.55					

*原书注：考虑到道琼斯工业价格平均指数的成分股从12只调整到20只，在计算1914年2月3日至1914年12月24日这一段摆动的下跌点数时减去了19.84点。

〔译者注：参照表10-1的数据，针对表10-2和10-3的部分日期和部分比例数值进行了修正。考虑可能是日期笔误，而百分比可能是因为计算过程中四舍五入导致的误差。例如，表10-2中，第三段牛市第一段摆动的结束日期，原文是"June 27,' 04"（1904年6月27日），改为"1904.1.27"（1904年1月27日），该日收盘价50.50点。表10-2中，第一段牛市中的第二段摆动的回撤比例，原文是"179.5"（179.5%），改为"179.7%"（8.23÷4.58，四舍五入）。〕

◉ 精华笔记

1. 表10-1是雷亚总结的道琼斯工业价格平均指数从1897年至1931年摆动运动的转折点。将其画成波段折线图，如图10-2所示。图10-2中的每一个转折点对应了表10-1中相应日期的收盘价。

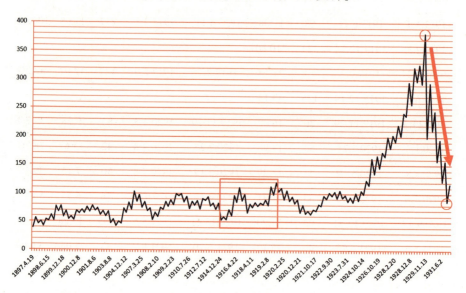

图10-2　道琼斯工业价格平均指数的波段折线图（1897—1931年）

可以看到在1929年股灾时下跌十分惨烈。从1929年9月3日最高点381.17点，至1931年10月5日最低点86.48点，2年时间下跌了将近300点，下跌幅度近80%。

2. 分析表10-2和表10-3的数据，需要以牛市和熊市交替的视角来看。比如将图10-2中方框的走势放大，对应的日线图表如图10-3所示。

这段走势对应的数据是表10-2中的第六段牛市（从1914年12月24日至1916年11月21日）、表10-3中的第六段熊市（从1916年11月21日至1917年12月19日）和表10-2中的第七段牛市（从1917年12月19日至1919年11月3日）。

第六段牛市（图10-3左侧牛市）的终点是第六段熊市的起点，第六段熊市的终点是第七段牛市（图10-3右侧牛市）的起点。两轮牛市的持续时间均在两年左右，中间熊市的持续时间大约一年。

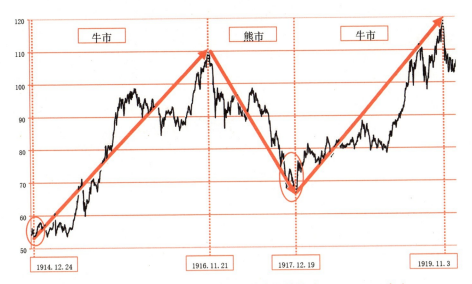

图10-3　道琼斯工业价格平均指数的牛熊转换（1914—1919年）

由于图10-3使用的是日线图表，与在图6-1的月线图上看牛熊循环相比，可以观察到更多的摆动细节。

图10-3中，左侧牛市的起点对应了图8-2(f)1914年的熊市底部中的粗折线（道琼斯工业价格平均指数），右侧牛市的起点对应了图8-2(g)1917年的熊市底部中的粗折线（道琼斯工业价格平均指数）。

3.以图10-3左侧的这段牛市为例，对照表10-2的数据，分析每一段主要摆动和次级反应运动，如图10-4所示。

第一段主要摆动，开始日期为1914年12月24日，结束日期为1915年1月23日，历时30天，上涨5.35点。

第一段主要摆动对应的次级反应运动，开始日期为1915年1月23日，结束日期为1915年2月24日，历时32天，回撤4.30点，回撤比例80.4%。

第二段主要摆动，开始日期为1915年2月24日，结束日期为1915年4月30日，历时65天，上涨17.56点。

第二段主要摆动对应的次级反应运动，开始日期为1915年4月30

日，结束日期为1915年5月14日，历时15天，回撤11.40点，回撤比例64.9%。

图10-4　道琼斯工业价格平均指数的牛市运动（1914—1916年）

第三段主要摆动，开始日期为1915年5月14日，结束日期为1915年10月22日，历时161天，上涨36.08点。

第三段主要摆动对应的次级反应运动，开始日期为1915年10月22日，结束日期为1916年4月22日，历时182天，回撤11.50点，回撤比例31.9%。

第四段主要摆动，开始日期为1916年4月22日，结束日期为1916年11月21日，历时213天，上涨25.19点。

4.重点来看第三段主要摆动对应的次级反应运动，如图10-5所示，这是一个结构上相对复杂的次级反应运动。

雷亚没有选取1915年12月27日的最高点99.21点作为第三段次级反应运动的起点，而是选择了1915年10月22日的最高点96.46点。这两个阶段性高点相差近3个点，但是时间却相差了大约两个月。

在图10-5中，在1915年10月22日的最高点96.46点作一根水平辅助线①。再在随后出现的回撤低点（1915年11月9日，91.08点）作一根水平辅助线②。

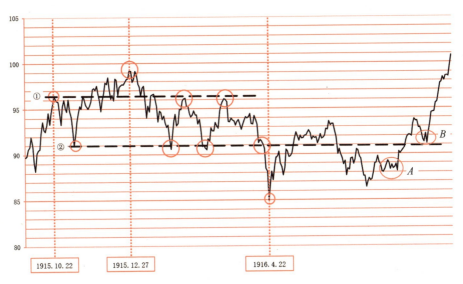

图10-5 次级反应运动的日线图表分析

市场在1915年12月27日的最高点99.21点之后，多次回踩②水平辅助线，但都略有跌破。回踩后的反弹，试图向上突破①水平辅助线，但均没有触及。

我们可以将1915年12月27日的最高点99.21点视为向上突破①水平辅助线形成的假突破。而将1916年4月22日的最低点84.96点，视为向下突破②水平辅助线形成的假突破。

当市场从剧烈的震荡回归平静，图10-5中的区域A和B便可能是投资者等候多时的机会。

第 11 章
日间波动

11

◎ 导读笔记

1. 单独一天的价格平均指数几乎不具有研判的价值。

2. 将连续多天的价格平均指数收盘价制作成日线图表后,在图表上做研究是可行的。

3. 日线图表上若出现长期的线形窄幅整理形态,是有意义的。

••••••••

> 仅从一天的价格平均指数运动得出的推论,几乎可以肯定是误导性的结论。只有在形成线形窄幅整理的形态后,日线判断才有一定的价值。然后,必须记录和研究每天的运动,因为连续的日线图表最终会形成容易识别并具有预测价值的形态。

虽然任何一天的价格平均指数和成交量都只具有很小的意义,但是也不能忽视日间波动。因为只有将日间波动本身制成具有明确预测价值的图形模式时,才能对整个价格结构的模式进行研究和理解。一块钢材不能构建一座桥梁,但每一位工程师都知道它是完整结构的一个确定组成部分。

当市场长时间处于线形窄幅整理时,日间波动就很有意义了,这与道氏理论的应用直接关联。后面的章节将讨论这个问题。除此之外,在任何情况下,仅从日间波动中得出的推论几乎都具有误导性。试图从日间波动得出推论的交易者只是在猜测,并没有正确地应用道氏理论,尽管这类交易者通常把自己的失败归咎于道氏理论。汉密尔顿经常声明:"股市的日间波动毫无逻辑可言。"(1929年7月29日)那些坚持在日间波动中应用道氏理论的人,也确实可以从汉密尔顿的一些文字中得到一些安慰:"有时候,日间波动会给人一些安慰。"(1910年8月30日)然而,汉密尔顿告诉我们,通常情况下,道氏理论会忽略单日的价格波动。

第12章
两个价格平均指数必须相互确认

12

◎ 导读笔记

　　1. 利用工业价格平均指数和铁路价格平均指数进行相互确认，主要是因为汉密尔顿在文章中多处使用该方法。尽管道生前没有明确给出定义，"相互确认"却是道氏理论的精华部分之一。

　　2. 当时不少研习者产生了"选用哪两个指数"来进行相互确认的讨论。雷亚从经济循环周期的内在逻辑原理出发进行了思辨。尤其是"一战"后，铁路被联邦政府接管，当铁路价格平均指数不再像工业价格平均指数，而是像债券一般波动时，此阶段不适宜拿两个价格平均指数进行相互确认。

　　3. 相互确认并不要求两个指数必须在同一天创新高或者新低。

· · · · · · · ·

> 要把铁路价格平均指数和工业价格平均指数的运动放在一起考虑。一个价格平均指数的运动必须得到另一个价格平均指数的确认，才能得出可靠的结论。基于一个价格平均指数的运动得出的结论，未经另一个价格平均指数的确认，几乎可以肯定是误导性的结论。

　　道氏理论最有用的部分，甚至也是一天都不能忘记的部分，就是只有在两个价格平均指数相互验证的情况下，价格运动才值得考虑。许多自称掌握道氏理论的人，在交易工业股票时只考虑工业价格平均指数的价格运动，甚至有些人只绘制了一种价格平均指数的图表，就声称能够正确地解读价格运动。尽管在某些情况下，这样得出的结论似乎是合理的，但长期来看，这样的做法必然会有灾难性的后果。

　　有些研习者认为，公用事业价格平均指数比铁路价格平均指数能够更好地解读市场，原因在于前者的交易更为活跃。作者并不打算就此问题展开讨论。但是，也许可以提出一个类似的问题：为什么不使用铜业价格平均指数或是汽车价格平均指数呢？对于那些质疑是否应该用公用事业价格平均指数替代铁路价格平均指数的人，最好的回答是：经过检验表明，采用工业价格平均指数和公用事业价格平均指数时，道氏理论几乎就失效了。①道氏理论专注于工业和铁路价格平均指数，其他的方法不是汉密尔顿阐述的道氏理论。

道为什么没有尝试两种价格平均指数必须相互确认？这个问题现在有些令人困惑。道的理论基于这样的观察：如果价格运动在后来被证明是真实的，那么它们总是相互确认。汉密尔顿在撰写《股市晴雨表》时，同样也没有解释为什么工业价格平均指数和铁路价格平均指数必须相互确认。正因为如此，现在或许可以冒昧地简单推理，以给出符合逻辑的解释。

让我们考虑一下经济循环的周期。经历了一段时间的萧条期后，工厂继续闲置，失业无处不在，商品库存下降，购买力耗尽，股息大幅度减少，世道依旧艰难。尽管机器在生锈，但人们还得要吃饭、穿衣和生育，从而导致劳动力成本大幅下降。最终有一天，一家钢铁公司的销售经理查看了市场报告，发现尽管没有新订单，但是有相当数量的桥梁和公寓楼即将兴建，而这些都需要钢材。销售经理找到了总经理，讨论了这一情况。总经理随后询问总工程师，如果经济复苏，工厂需要多少时间才能复产。总工程师则坚持，在复产之前必须维修高炉。总经理要求董事会授权对高炉进行维修。当高炉开始维修时就会雇用工人，砖、石灰和沙子也会通过铁路运输。铁路的运输经理将钢铁公司的货运情况告知其高管，并认为如果钢铁公司现在开始花钱，未来的经济形势将会好转。接下来，铁路高管与总工程师讨论了这个情况，决定检修矿石运输车，为矿石运输做好准备。这意味着购买一点油漆，并为工人提供一些就业机会。维修高炉和检修矿石运输车所支付的工资，提高了少数人的购买力。他们可能买了一些鞋子，进而消耗了零售商的库存。我们继续以鞋子为例，这意味着零售商对鞋厂的新订单。鞋厂需要更多的皮革，进而使得制革商需要更多的兽皮。最后，建筑商购买了钢材用于建造桥梁和公寓楼，高炉复产，矿石开始运输。或许其他行业也在发生同样的事。

现在，就其公开报表而言，这家钢铁公司并没有赚到一分钱。甚至在上述例子中，由于订单的规模太小，以至于其运输量都可能忽略不计。然而，

---

① 原书注：不使用公用事业价格平均指数的实际原因在于，公用事业的领先股相互之间的关联度太高，以至于一两只个股的股价变化都会影响公用事业价格平均指数的整体走势。

铁路公司因运输砖和矿石而获得了现金收入，这种增量几乎立即反映在运输的装车数和铁路的收益上。如果这种推理是正确的，那么合乎逻辑的说法是，铁路股票即使不先于工业股票，也应与其同时运动。原材料的采购必须通过运输交付到工厂，尽管铁路面临其他运输方式日益激烈的竞争，但是铁路仍然具有明显的优势。

如果要想有效地运用道氏理论，就必须充分认识到等待两种价格平均指数相互确认的必要性。这一点非常重要，因此即使啰唆，最好也要大量引用汉密尔顿的相关论述。以下摘录来自汉密尔顿多年来的评论文章：

"……道氏理论……规定一个价格平均指数必须得到另一个价格平均指数的确认。在主要运动开始的初期，相互确认经常发生。但在市场出现次级反应运动时却并不总是一致的。这正是《股市晴雨表》一直持有保守态度的明确原因。《股市晴雨表》的命名体现了道氏理论的精炼而不是繁杂。"（1926年4月6日）

"在类似的次级反应运动中，工业股票的组合（与铁路股票的组合分开单独看）可能会比铁路股票更快地恢复，或者铁路股票可能会领先。无须多言，即使在主要走势中，20只活跃的铁路股票和20只工业股票也不会同步运动，不会出现点数完全相同的齐涨与齐跌。"（《股市晴雨表》）

"如果没有得到另外一个价格平均指数的确认，道总是忽略这类单独一个价格平均指数的运动。道辞世后所经历的事实表明，这是解读价格平均指数的明智方法。道氏理论认为，当新的低点低于前一次反弹的低点时，向下的次级反应运动和主要向下的趋势，可能都已经确定了。"（1928年6月25日）

"操纵两个价格平均指数并不是一件容易的事。一个价格平均指数没有另一个指数的验证，这类运动通常会被忽略。"（1928年7月30日）

"看起来很明显，由于没有得到两个价格平均指数的相互确认，经济前景的不确定性仍然存在……"（1924年5月24日）

"在基于道氏理论的价格运动讨论中，已经反复强调：尽管一个价格平均指数的运动经常是有意义的，但也很容易产生误导。只有当两个价格平均指数相互确认时，得出的推论才会有最高的预测价值。

第12章　两个价格平均指数必须相互确认

"两周前，当铁路价格平均指数单独创出新高时，如果工业价格平均指数随后跟进，可以说这是一个强烈的多头信号。现在正是这样的走势，构成了上涨趋势继续的明确迹象。"（1922年7月24日）

"……价格平均指数的指示不能相互确认，总是具有误导性。"（1922年11月3日）

"关于解读价格平均指数的一个相对安全的规则，也是一条否定性的规则，就是一个价格指数有信号并不一定比没有信号好。两个价格平均指数必须相互确认……"（1928年8月27日）

"有一个可靠的经验：两个价格平均指数必须相互确认。这就是为什么指数要选择两个各有20只股票的不同组合，而不是一个杂乱的40只股票的组合。这是显而易见的原因。"（1925年5月25日）

"只有一个价格平均指数创出了新低或新高，另一个价格平均指数并没有确认，几乎总是具有误导性。原因不难寻找，一个证券组合会对另一个产生影响。如果铁路股票被抛售完毕，而工业股票还有充裕的供应，市场就不能整体向上。"（1913年6月4日）

"根据以往的经验，这些独立的运动通常是具有误导性的。但当两个价格平均指数一起上升或下跌时，对市场整体运动的指示就很正确。"（1913年9月8日）

"……当一个价格平均指数创出新低而另一个指数没有创新低，或者当一个指数创出了新高而另一个指数没有跟进时，推论几乎总是具有误导性。"（1915年2月10日）

"……基于一个价格平均指数的结论，但没有得到另一个的确认，有时是误导性的。应始终谨慎对待……"（1925年6月26日）

"再次强调，除非它们一起运动，否则这两个价格平均指数的运动是具有欺骗性的。"（1915年6月9日）

"在基于道氏理论的价格运动研究中……反复发现，必须相互确认20只铁路股票和20只工业股票的两个价格平均指数才能给出权威性的预测。"（1922年7月8日）

"事实上可以这样说,一个价格平均指数创出新高或新低,如果未经另一个价格平均指数的确认,一直以来都是具有欺骗性的。自从确立价格平均指数以来,每次重大运动之前都会有两个指数同时创出新高或新低。"(1921年5月10日)

"当工业和铁路价格平均指数大约在同一时间创出新高时,指示的意义总是更强烈……"(1919年7月16日)

"当一个价格平均指数突破线形窄幅整理而另一个指数没有突破时,经常会是误导。然而,当两个指数的运动是同时进行的时候,大量的经验表明,对市场趋势有明确的指示意义。"(1914年4月16日)

"最常见的错误之一是接受一个价格平均指数的指示,而尚未得到另一个指数的明确确认。"(《股市晴雨表》)

"正如经验所示,绝对没有必要要求主要运动的高点或低点在两个指数中在同一天出现。如果两个指数相互确认,我们就认为市场转向了,即使后来一个指数出现了新低或新高而另外一个指数并没有跟进。前期两个指数同步出现的新低或新高是市场转折的最佳指示。"(《股市晴雨表》)

"这个例子强调了一个事实,即尽管两个价格平均指数的强度可能会有所不同,但它们在方向上不会有太大的差异,尤其是在主要运动中。在有记录的所有年份中,这个规则都被证明是非常可靠的。这不仅适用于市场的主要摆动,也几乎适用于次级反应运动。但是,该规则对于日间波动则无效,对于个股来说,则可能是完全误导性的。"(《股市晴雨表》)

道氏理论的研习者会发现,有一段时间内铁路价格平均指数和工业价格平均指数的行动停止了互相确认。这是因为我们参与了第一次世界大战后,联邦政府接管了铁路,并为铁路提供了固定收益的保证。这种情形导致铁路股票失去了投机性,并如债券一般波动,原因在于它们本质上都是固定收益类证券。因此,道氏理论的研习者把这段时间排除在外是明智的做法。

◉ 精华笔记

回顾图8-3的9轮熊市底部,有4个底部是两个价格平均指数在同一天出现极限低点,而其余5个底部的极限低点则存在时间差。尤其是图8-3(f),1914年熊市底部的道琼斯铁路价格平均指数比道琼斯工业价格平均指数的反弹比例明显更低。当工业价格平均指数从底部上涨了10%～15%时,铁路价格平均指数的上涨却在5%～7%的区间内。

再来看1912年至1913年的一段熊市,如图12-1所示。图12-1中的纵坐标没有参照图8-3的方法采用百分比绘制,而是直接使用价格平均指数的点数,上方是铁路价格平均指数,下方是工业价格平均指数。

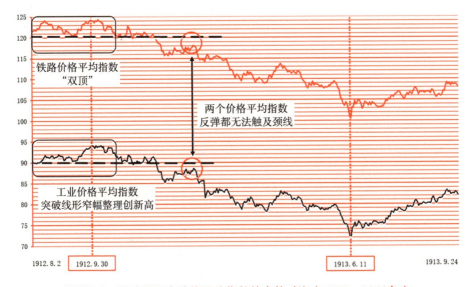

图12-1　道琼斯两个价格平均指数的走势对比(1912—1913年)

当工业价格平均指数在1912年9月30日突破线形窄幅整理创出新高时,铁路价格平均指数在124点附近形成了"双顶"形态。此时两个指数的走势没有同步,对于判断牛市是否还会持续可谨慎观望。

而在1913年1月9日,两个指数的反弹均没有触及顶部区间的颈线,相互确认了市场已走弱。

第 13 章
确定趋势

13

◉ 导读笔记

　　1. 道氏理论对趋势的确认，是一个综合分析的过程。它不是圣杯，也存在例外的情形。

　　2. 确定趋势时主要考虑的要素有：第一，使用日线图表；第二，两个价格平均指数需要相互确认；第三，回调或者反弹的幅度在3%以上；第四，牛市中重点观察是否创新高，并跟踪随后的回调；第五，熊市中重点观察是否创新低，并跟踪随后的反弹。

　　3. 尽管很多投资者认为道氏理论在确定趋势时具有滞后性的特征，但实战中使用道氏理论确定趋势后再交易，可以提高投资者的胜算，从而保护投资者的账户资金。

• • • • • • • • •

> 上涨突破先前的高点，随后的下跌高于先前的低点，连续出现这样的情形就是上涨趋势。相反，如果反弹低于先前的高点，随后的下跌也低于先前的低点，则是下降趋势。由此得出的推论，在评估次级反应运动时很有用；但更主要的作用是预测主要趋势运动的重新开始、持续和改变。为了便于讨论，我们把在一个或是多个日间波动内价格平均指数逆向运动了3%定义为回调或是反弹。这种运动需要得到两种价格平均指数的相互确认，然而，相互确认并不要求在同一天。

　　关于牛市中的次级反应运动即反弹，汉密尔顿做了如下解释："根据经过充分验证的解读价格平均指数的规则，只要在次级反应运动中，两个价格平均指数的反弹都创出了新高，不一定是在同一天，甚至不一定在同一周内，只要它们相互确认，主要的上涨趋势便将会继续。"（1921年12月30日）

　　始终应该记住，一个价格平均指数创出新高或新低，如果未经另一个价格平均指数确认，是具有误导性的。这种运动尽管有时会证明是主要运动，但通常是次要性的变化。

创出新高或新低并得到验证后得出的结论一直有效，直到随后被明确确认的行为取消为止。例如，如果在主要牛市中创出了新高，那么预测牛市将持续相当长的时间就是一个有效的结论。此外，如果其中一个价格平均指数回撤到先前的高点下方，甚至是先前低点的下方，但是如果另外一个价格平均指数没有确认，这种情形应认为先前看涨的结论依然有效。汉密尔顿的解释如下："股市的晴雨表并不是每天或时刻都会给出指示。根据查尔斯·H.道的理论，一个指示在没有被另外一个取消或通过某种方式加强之前都会持续有效，例如工业价格平均指数确认了铁路价格平均指数，反之亦然。"（1929 年 9 月 23 日）

如果牛市经历了重要的次级反应运动，随后在合理的时间内未能创出新高，并且新的下跌又跌破了先前次级反应运动的低点，那么通常可以安全地假设主要趋势已经从看涨转为看跌。相反，一段下跌使得两个价格平均指数都创出新低后，重要的次级反应运动发生，并且随后的下跌未能使任何一个价格平均指数跌破先前的低点，如果接下来的反弹，使得两个价格平均指数都超过了上次重要反弹的高点，那么就可以推断主要趋势已经由看跌转为看涨。在价格平均指数 35 年的图表上，很难找到这个规则的例外。

很多交易者试图将这个规则应用于次级反应运动，却忘记了正常的次级反应运动通常持续三周到十二周，并且回撤幅度在主要运动先前趋势段的三分之一到三分之二。研习者要想完全理解小幅反弹和小幅下跌的意义，最佳的方法是研究价格平均指数记录中的所有日线图表。

据汉密尔顿所言："如果没有得到另外一个价格平均指数的确认，道总是忽略这类单独一个价格平均指数的运动。道辞世后所发生的事实表明，这是解读价格平均指数的明智方法。道氏理论认为，当新的低点低于前一次反弹的低点时，向下的次级反应运动和主要向下的趋势，可能都已经确定了。"（1928 年 6 月 25 日）

清晰地解释反弹和下跌的意义总是被证明很困难。更进一步，使用价格平均指数作为预测工具时，正确理解反弹和下跌的意义需要参考先前类似的价格运动，这一点非常重要。因此，尽管措辞不同，再次引用汉密尔顿的说法不失为明智之举:"日间波动出现一系列的反弹或下跌的过程中,如果工业价格平均指数和铁路价格平均指数始终相互确认,并且反弹高于先前的高点,下跌也未跌破先前的低点,这种情形意味着近期看涨,但不一定意味着主要趋势是牛市。"

在牛市中,两个价格平均指数一系列上述的反弹和下跌都突破了先前的最高点时,通常可以安全地推断出主要牛市还会持续相当长的一段时间。相反,连续的反弹和下跌,高点未能突破前一个高点,随后的下跌又跌破前一个低点,这是短期看跌的信号,尽管不一定意味着主要运动向下。另外,一系列的反弹和下跌若跌破了主要运动的先前最低点,通常可以合理地推断出有很大可能还会出现更低的低点。在主要牛市中,下跌若跌破了上一轮次级反应运动的低点,通常可以假设主要运动已经从看涨转为看跌。反之则是一个判断主要熊市转为主要牛市的第一阶段的可靠方法。

当然,这个规则偶尔也会有例外。例外是合理的,否则这些规则将成为战胜股市的确定方法。当然,这样的方法若真的存在,就会导致市场很快消失。

◎ 精华笔记

尽管道氏理论确定趋势的方法并不是交易的圣杯,但却是交易实战的基础。读者可以参考图 2-4、图 8-1、图 9-1 和图 12-1 的过程,对个人实战交易时使用的策略做复盘分析。

第14章
线形窄幅整理

14

◉ 导读笔记

1. 线形窄幅整理是持续时间从两三周到两三个月不等的价格收敛形态。

2. 由于市场形成线形窄幅整理期间，多空双方正在进行博弈，并且波动空间不大，也不适合采用区间交易策略，因此，不建议投资者在此期间参与，而应等待市场走出确定的方向后再进场交易。

3. 线形窄幅整理形态之后，市场既有可能向上突破，也有可能向下跌破。

• • • • • • • • •

> 线形窄幅整理是一种价格运动的形态，持续时间为两到三周或是更长的时间。期间，两个价格平均指数的价格变化在5%的范围内波动，表明市场正在吸筹或是派发。如果两个价格平均指数同时向上突破，表明市场是在吸筹，可以预测会有更高的价格。相反，如果同时向下突破，则意味着先前是派发，价格随后会走低。从一个价格平均指数运动中得出的结论，如果另一个价格平均指数不予确认，通常会被证明是错误的。

道氏理论中涉及的线形窄幅整理的这部分内容，已经被证明如此可靠，以至于应该将其称为公理而不是定理。然而，线形窄幅整理并不会经常出现，无法满足绝大多数交易者的需求。因此，很多人努力去发现并不存在的"线形窄幅整理"。此外，很多交易者坚持从一个价格平均指数就能够得出线形窄幅整理的结论，而不需要另外一个价格平均指数的确认，这是一种非常危险的做法。还有一些人，在看见线形窄幅整理正在形成时，会试图猜测随后的突破方向而提前买进，却不管他们的判断可能会被后续的价格平均指数的实际运动证明是错误的。"事实上，当线形窄幅整理正在形成时，很难分辨是卖出性质还是买进性质，吸筹和派发都在发挥作用。没有人能够说出最终会是哪一方给市场施加的最大压力。"（1922年5月22日）

有些人坚持要对线形窄幅整理的持续时间和空间幅度进行精确的数学解

释，这是无法成功的。价格变化的允许范围必须与当前投机活动的活跃度一起考虑，还要与先前价格波动的强度大小进行比较。人们认为在投机中成功应用道氏理论，既是一门艺术又是一门科学，这正是原因之一。任何试图对道氏理论进行精确数学解释的人，就如同一位做阑尾切除手术的外科医生一样，他不管病人的年龄、性别、身高，或体型如何，都在病人脚背上方38英寸的位置纵向切开两英寸深。

汉密尔顿说，我们始终可以相信，线形窄幅整理的突破表明了整体市场的方向发生了变化，至少是次级反应运动，有时甚至可能是主要运动。

在对线形窄幅整理的讨论中，以下摘录的某些内容精确定义了"线形"区间的高度。但是，应该牢记，这些评论都是多年前撰写的，当时的价格平均指数都低于100点。在本章的后面部分，将引用价格平均指数远高于早期水平的时期汉密尔顿关于对"线形窄幅整理"的评论。

一个关于线形窄幅整理的早期评论如下：

"仔细研究价格平均指数的数据就会发现，在某些时期，指数的波动在几周内都处于一个狭窄的范围内。例如工业价格平均指数在70～74点之间；铁路价格平均指数在73～77点之间。这样的情形在技术上被称为'形成了线形窄幅整理'，经验表明这是吸筹或派发的时期。当两个价格平均指数都上涨到线形窄幅整理的上方时，就是强烈的看涨信号。这可能是熊市中的次级运动，而在1921年则意味着主要牛市行情的开始，该牛市一直持续到1922年。

"然而，如果两个价格平均指数突破了线形窄幅整理的下限，股市很明显已经达到了气象学家所称的'饱和点'，降水随之而来，这意味着在牛市中向下的次级反应运动，或是1919年10月出现的主要运动向下行情的开始。"（《股市晴雨表》）

几年前对线形窄幅整理的定义如下所述："被道氏理论验证过的多年的股市经验，让研习者们懂得了价格平均指数图表中线形窄幅整理的重要性。真正有价值的线形窄幅整理形态，要求非常严格：工业价格平均指数和铁路价格平均指数要相互确认，运行的时间足够长，要用成交量进行检验，而且要求日间波动在狭窄的4个点的范围进行。在满足上述条件的情况下，就可

以得出重要的结论。"（1922 年 5 月 8 日）

另一个解释如下："可以观察一些令我们满意的例子。随着交易日的增加，价格平均指数在一个狭窄区间内运行的一段时间——我们称之为'线形窄幅整理'——变得越来越重要。这样的情形只能意味着吸筹或派发，而随后的价格变动将表明市场是供应枯竭还是供过于求。"（《股市晴雨表》）

1909 年 3 月 17 日，汉密尔顿发表了如下评论："3 月 3 日至 3 月 13 日，价格平均指数总的波动幅度小于 1% 的 3/8。这样的情形极其罕见，并且往往在市场发生整体变化之前出现。"当价格平均指数突破了这个线形窄幅整理后，上涨了约 20%。

◎ 精华笔记

如图 14-1 所示为 1909 年上半年的铁路价格平均指数和工业价格平均指数的走势。在 3 月 3 日至 3 月 13 期间，两个指数都形成了线形窄幅整理。铁路价格平均指数在 115.86～116.51 点之间，工业价格平均指数在 81.64～82.58 点之间，波动非常小，几乎是一条直线。之后两个价格平均指数均向上突破了此整理区间，牛市得以确认。

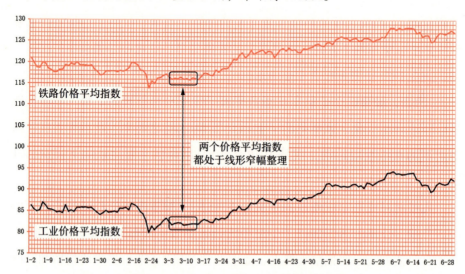

图 14-1　道琼斯两个价格平均指数的线形窄幅整理（1909 年）

正如汉密尔顿所指出的，有时候可以从价格不怎么波动的市场得出有用的推论。"当股票的价格平均指数只呈现微不足道的波动时，仍然可能从这种状况中得出有用的推论。这种情形'对那些只是站在边上等待的人也有作用'。"（1910年9月20日）

关于线形窄幅整理预测有效性的持续时间，汉密尔顿曾经这样说过："过往的经验告诉我们，当市场顶部形成的线形窄幅整理被向下跌破时，且工业价格平均指数和铁路价格平均指数都是如此，在这样的情形下，只有当最后一个高点被重新到达后，我们才能假设价格平均指数出现了类似牛市的迹象。"（1911年3月6日）

1911年5月4日至7月31日之间出现了一个线形窄幅整理的典型例子。当时的线形窄幅整理形态被向下突破，随后出现了剧烈的下跌。这次下跌后来被证明是熊市的终结。当这个线形窄幅整理正在形成的时候，汉密尔顿写道："一个长时间的线形窄幅整理，正如价格平均指数在过去六周的表现那样，加之有限的成交量，这样的情形表明了两种可能：一种是股票在高位成功派发；另一种是股票被大量收集，其数量之大，足以让我们可以假设市场的主流意见是价格应该走得更高。"（1911年7月14日）

◉ 精华笔记

参见图4-1，道琼斯工业价格平均指数在1911年的走势大约有3个月的时间在85～87点的区间进行线形窄幅整理。

• • • • • • • • •

在1912年1月17日，一个线形窄幅整理正在形成，随后是几个月几乎不间断地上涨。汉密尔顿在此时写道："值得注意的是，在这段时间内，20只活跃铁路股票的价格平均指数从未触及115点，也从未触及118点；工业价格平均指数在同一时期内最高价为82.48点，最低价为79.19点。这是一个明显的持续形态，这种吸筹或派发的形态可以称为'线形窄幅整理'。该形态早在我们上一期价格运动讨论被刊印出来时就已经确立。对于经验丰富的道氏理论研习者来说，这种窄幅的波动与任何方向的急剧摆动同样重要。如果价格停滞是为了在不提高价格的情况下吸筹，那么结果很快就会显示出来，也就是两个价格平均指数同时向上突破窄幅区间的上沿。需要注意的是，所谓的'线'是指市场分析的含义，并不是严格意义上的'有长度而无宽度'。'线'具体是指有长度，但是宽度很小——铁路价格平均指数小于3个点，比工业价格平均指数稍大一点。"

线形窄幅整理有时候令人困惑，汉密尔顿在1913年9月8日的评论文章应该有所帮助："就两个价格平均指数而言，已经在2个多点的范围内波动了将近一个月。8月28日，工业价格平均指数上涨到了这条'线'的上方，但铁路价格平均指数没有确认。9月3日，铁路价格平均指数向下跌破了该'线'，但工业价格平均指数并没有跟进。对于价格平均指数的解读者来说，这构成了一个僵局，尤其是两个价格平均指数现在都在旧的区间内。无论两个价格平均指数朝任何方向同时运动，特别是向下运动，根据以往的经验，都会为进一步的运动提供重要线索。"（1913年9月8日）

1914年，汉密尔顿在线形窄幅整理这一主题上写了很多文章。他显然认为牛市应该继续运行，但是却看见了派发的线形窄幅整理形态。在之后的几年内，他始终坚持认为这些线形窄幅整理形态代表了德国人对美国证券的派发，他们在为世界大战做准备。1914年4月16日的一篇评论文章摘录如下："在4月14日之前的70个交易日里，12只工业股票的价格平均指数都未超过84点，也未低于81点；在那之前的40天里，20只活跃铁路股票的价格平均指数从未超过106点或低于103点。对照《华尔街日报》的记录，两个价格平均指数都在3个点内波动，直到4月14日同时向下跌破。"

"根据价格平均指数以往的经验，这个迹象是如此看跌，以至于指向了1912年10月初开始的主要熊市的恢复。"

汉密尔顿告诫道氏理论的研习者，单独一个价格平均指数的线形窄幅整理没有预测价值。他这样写道："所有过去的经验都表明，除非工业价格平

均指数和铁路价格平均指数同时出现线形窄幅整理形态，否则就存在误导性。"（1916年3月20日）

随着价格平均指数在1926年处于高位，汉密尔顿意识到有必要扩大线形窄幅整理的范围。他宣称："在此应该指出，鉴于价格平均指数处于高位，尤其是工业价格平均指数，我们可以对线形窄幅整理形态的区间范围的限制有更大的宽松度。"（1926年10月18日）

汉密尔顿认为1929年春季的市场行为可以看成是线形窄幅整理。他在1929年7月1日的一篇关于价格运动的讨论中表达了这样的观点："可以清楚地看到，尤其是工业价格平均指数，剧烈而广泛的波动在效果上等同于一个派发区。这与价格平均指数在低位出现的线形窄幅整理并无差异。这样的线形窄幅整理形态意味着吸筹或派发。无论是向上还是向下，过去的历史表明这都会导致重大的波动。现在，价格平均指数处于如此高位，可以预期市场会在更大的区间内进行派发。两个价格平均指数同时处于高位清楚地表明，大量的股票不但被派发，而且被市场有效吸纳了。市场的买方大概是投资者和从市场融资买股票的人。"（1929年7月1日）

查看这个时期的每日价格波动，对于研习者来说会是一件有趣的事情。1929年9月，牛市末期的高点到达后，只有极少数的交易者预计到了即将震惊世界的大崩盘时，汉密尔顿发现了一个线形窄幅整理形态。当时工业和铁路价格平均指数距离最高点不到10%。他在1929年9月23日的《巴伦周刊》上写道："当工业价格平均指数高达300点以上时，需要更多的灵活性。这并不影响道氏理论的基本原则。在道的时代，一个价格平均指数的线形窄幅整理是指在长达几周的时间内上下波动限制在3个点的范围内……但是工业价格平均指数处于当前高位，可以放心地假设吸筹或派发的区间会更宽。"

在本书作者看来，研究线形窄幅整理形态的宽度与交易量之间的关系，可能是一个有趣且可能有用的领域，或许使用报价机提供的数据能够找到两者之间更好的关联性。市场的力量很大程度由总成交量决定。成交量越大，产生的运动或反应就越大。我们已经注意到在牛市顶部附近，与成交量增大一样，线形窄幅整理形态的宽度也在变大。另外，在底部附近或股市沉闷时期形成的线形窄幅整理形态的宽度也会收窄。

◎ 精华笔记

1. 线形窄幅整理的空间并不是一成不变的3个点。早年道琼斯指数主要在150点以下波动，使用3个点基本可以覆盖。在1929年股灾前，指数已接近400点，此时再用3个点的绝对价格空间便不合适了。

2. 以A股举例，如图14-2所示，上证指数在2005年10月至12月期间，疑似有一段线形窄幅整理，收盘价大约在1067～1122点之间波动。按照1100点的5%计算窄幅空间，大约有55个点。这段时期基本符合线形窄幅整理的形态。

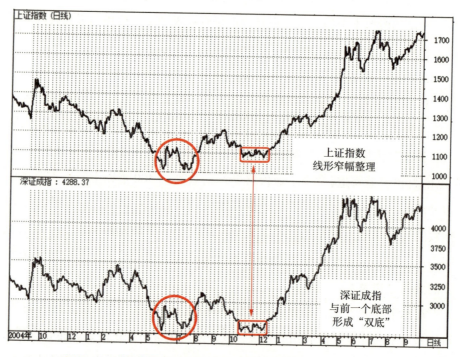

图14-2　上证指数和深证成指的线形窄幅整理分析（2005年）

深证成指尽管在这期间没有像上证指数一样在更高的点位进行线形窄幅整理,而是与前面的底部一起构成了疑似"双底"的形态。而这期间收盘价的波动空间大约在2622～2732点之间,按照2500点的5%计算窄幅空间,大约有125个点。这段时期也基本符合线形窄幅整理的形态。

之后两个价格平均指数均向上突破了此整理区间,牛市得以确认。

3. 再看一个A股的案例,如图14-3所示,上证指数在2014年4月至7月期间,疑似有一段线形窄幅整理,收盘价大约在2000～2087点之间波动。按照2000点的5%计算窄幅空间,大约有100个点。这段时期基本符合线形窄幅整理的形态。

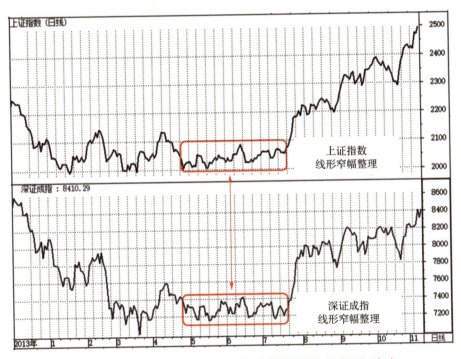

图14-3 上证指数和深证成指的线形窄幅整理分析(2014年)

深证成指在这期间收盘价的波动空间大约在 7051～7417 点之间。按照 7000 点的 5% 计算窄幅空间，大约有 350 个点。这段时期也基本符合线形窄幅整理的形态。

之后两个价格平均指数均向上突破了此整理区间，牛市得以确认。

第15章
成交量与价格运动的关系

15

◉ 导读笔记

　　1. 分析成交量与价格之间的关系需要较长时间的日线图表。汉密尔顿早期的文章仅分析价格变动，晚期的文章才加入了成交量的因素。

　　2. 雷亚保持了与汉密尔顿一致的观点，认为两个价格平均指数的相互确认是最重要的。他认为成交量与价格的关系仅次于它。

　　3. 交易进入计算机时代之后，由于获取图表的便利性，投资者可以更容易分析量价关系。例如，健康的上涨趋势中成交量逐步增加，上涨趋势的尾声可能出现量价背离。

・・・・・・・・

> 市场超买时，上涨就会滞涨，下跌则会变得活跃；相反，市场超卖时，下跌就会沉闷，上涨就会活跃。牛市始于清淡，终于喧嚣。

　　市场活跃度与价格运动的关系在汉密尔顿的著作中有一些自相矛盾的说法。他多次告诉读者，除了价格平均指数外，其他的都可以忽略，原因在于价格平均指数已经包容了所有与股市有关的活动。然而，汉密尔顿这些年来似乎一直都在使用成交量这一数据，特别是他通过比较股市交易的活跃度得出的结论，都是其深思熟虑后的有效结论。

　　尽管有可能让读者感到困惑，最好还是引用汉密尔顿自己的言论。他先是否定了成交量的有效性，然后展示了他使用成交量这个数据对一些案例概括并总结后再得出结论。

　　以下是他在得出结论时不需要考虑市场活跃度的文章摘录：

　　"……应该说，价格平均指数本质上包容了一切。沉闷和不活跃只是一种征兆，是价格平均指数允许的一种征兆，就如同活跃、意外消息、红利以及其他所有影响市场价格波动的因素一样。这就是成交量为什么在这些研究中被忽略的原因。在道琼斯公司记录25年价格平均指数价格运动的记录中，成交量与价格趋势几乎没有关系。"（1913年6月4日）

"价格平均指数看起来要上涨,虽然一些研习者可能会争辩说,太小的成交量降低了价格变动的重要性。然而,趋势明显是牛市。就交易量而言,我们倾向于在这些研究中忽略它。我们认为,在考量长期的价格运动时,成交量和其他所有因素一样,都会被价格平均指数所包容。"(1911年4月5日)

1911年1月5日,汉密尔顿写道:"我们更愿意在这些研究中忽略交易量以及相应的交易特质,相信价格平均指数绝对公正地包容了所有因素的影响。它既包容了成交量,也包容了一些偶然事件、交易环境、市场情绪,甚至是投资需求的特点。"在前一年的10月18日,他曾表示:"这次上涨有一个显著特点,就是随着价格的每日上涨,成交量也在增加。这样的价格运动会在一到两天内达到明显的成交量高峰。但是,对价格平均指数的分析,实质上反映了成交量和所有的其他因素。"后一种说法是一个有趣的矛盾,因为他显然受到了交易量的影响,尽管同时声称价格平均指数可以包容市场活跃度的重要性。

本书作者猜测汉密尔顿对这个重要问题持有这样的态度,原因之一或许是他没有能够研究市场活跃度与价格运动之间关系的数据。从他在1910年的一篇评论文章中,可以得出这样合理的推断。"我们知道,有充足的理由同时考虑成交量和价格平均指数的变动,但是这个方法存在实际的困难。**要使得两者的比较有价值,需要长达25年的日成交量数据。**然而,我们可能会发现,价格平均指数本身迟早会包容成交量以及其他的所有因素的影响。"[1] 关于这一点,你会在他的著作得到一个有趣的发现,<u>《股市晴雨表》中的一张价格平均指数的图表中包含了的月线价格平均指数变动幅度以及月线的日均成交量。如果汉密尔顿真的认为研习者应该忽略成交量,为什么这张图表会包含它呢?</u>[2]

---

[1] 原书注1:黑体是作者个人对汉密尔顿特定原文的强调。
[2] 原书注2:本书作者获取每日成交量数据的经历可能会有启发,或许可以解释汉密尔顿为什么没有在经常性的评论文章中使用成交量。为了个人的研究和出版带有成交量数据的图表,需要35年完整的数据。本书作者曾尝试从大型统计机构、报纸甚至是纽约证券交易所的办公室获取相关数据,但是似乎谁都没有日成交量的数据。只能逐日搜索《华尔街日报》的档案,这最终成了获取完整记录的方法。对于成交量的记录,似乎除了每日成交量之外,其他关于成交量的数据都可以获取,例如每日成交均量和每月总成交量。自从上述提到的图表出版以来,本书作者几乎每周都会向位于华尔街区域的统计家或机构提出请求,要求提供表格化的成交量数据。

◎ **精华笔记**

《股市晴雨表》中的价格平均指数的图表可参见图 5-1 下方月线的日均成交量。

· · · · · · · ·

本书作者在计划写作本书时，就已经决定不偏离汉密尔顿对道氏理论的解释。但是，成交量已经被证明在预测市场趋势方面是一个非常有用的指南，因此有必要敦促研习者认真研究成交量与价格运动之间的关系。提出这个建议的理由在于汉密尔顿在得出他的结论时，间或地但是成功地应用了市场活跃度与价格运动之间的关系。

有一次，当牛市临近尾声时，汉密尔顿注意到了成交量的增加，但这种过度的活跃度并没有推动价格上涨，他就此发表了评论。汉密尔顿用比喻来说明这种情形的机理，这是他喜欢的解释方式。"一艘 2000 吨级的轮船，如果每天使用 100 吨煤，其经济航速可能是 12 节；达到 13 节需要 130 吨煤；在强制通风的情况下，可能需要 200 吨煤才能达到 15 节……这可以视为一个自然规则，当市场的'经济蒸汽产能'达到时，至少机械师们正在为了微小的速度增加而消耗更多的燃料。"（1909 年 1 月 21 日）

查看数年来价格平均指数的日间波动与成交量的关系，可以发现，无论是主要的牛市还是主要的熊市，只要创出了新高或新低，成交量就有增加的趋势，而且这种增加往往还会持续下去，直到出现类似高潮的迹象表明暂时的逆转。汉密尔顿识别出了这一现象，正如他在 1908 年 7 月 21 日发表的评论文章所言："突破先前的高点通常是股市处于牛市阶段的标志。同样值得注意的是，目前的市场比 5 月 18 日的参与度更广。"

毫无疑问，汉密尔顿意识到成交量是解读价格平均指数的有效因素。以下这些评论文章的摘录证明了这一点：

"研习者从这些记录中能够看出一个好的迹象，即在忽略所谓的外部因素，例如关税修订和工业状况，上涨过程中伴随着成交量的稳步增加。通常情况下，这是一个好的信号，因为市场上没有太多可以出售的股票。超买的市场在小幅反弹时会变得沉闷，下跌时则显得活跃。"（1909年3月30日）这是汉密尔顿一次准确看涨预测的评论文章的一部分。

1909年春季，市场经历三个月的上涨后本应该发生次级反应运动时，汉密尔顿在5月21日指出，"在回调过程中，市场变得沉闷且更狭窄。"汉密尔顿提到的下跌幅度不到2%，而交易量表明上涨将会重新延续。事实证明确实如此。

在长期牛市接近尾声的时候，每一次的小幅回调都被看成是熊市可能的开始。此时，市场出现了一次相对幅度较大的下跌。汉密尔顿警告他的读者不要卖空，因为这次回调中成交量降低了50%。他宣称："成交量的减少有不同的含义。华尔街经常引用的陈词滥调之一是永远不要在市场沉闷时卖空。这个建议通常情况下对的时候多于错的时候，但在一个持续下跌的熊市中它总是错误的。在这样的下跌中，市场在反弹时变得平淡，而在下跌时变得活跃。"（1909年5月21日）①

一次，在牛市创出一系列新高时，汉密尔顿认为这一系列的运动具有标志性意义，因为"市场在周一和周二都创出了这次运动的新高，巨大的成交量赋予这次运动重要的意义。"（1909年4月22日）

1910年9月，汉密尔顿预测了熊市次级反应运动的顶部转折点，而许多人则认为是牛市的开始。当时，价格平均指数本身没有任何弱势的迹象，但是逐渐降低的成交量显然让汉密尔顿认为这仅仅是熊市的反弹。他写道："在目前的熊市中，价格平均指数快速反弹到了8月17日的水平，但是在次级反应运动或向上的摆动完成后，无论是市场运动还是成交量的力量都消失了。之后，我们将一直陷入毫无希望的境地。"（1910年9月20日）

另一次，汉密尔顿解释了专业人士为什么对熊市中的突然放量反弹持保

---

① 原书注：在研究了汉密尔顿30年的预测记录后，能够发现一个明显的事实：汉密尔顿经常会给自己的读者一些"忠告"。我们可以认为他可能也希望展示其技能，并让读者获益。但是由于其自身所处地位的影响力，汉密尔顿克制了自己，他反复强调，《华尔街日报》绝对不能堕落到与其他"提供内幕消息"的报纸去竞争。

留态度的原因："如果反弹之前，市场在较长时间内处于低位，并且表现为沉闷和不活跃，那么专业的交易员可能会更重视这次反弹。"（1910年7月29日）

在另一篇评论文章中，汉密尔顿给出了一些好的建议："在上涨过程中似乎存在大量的派发，但是，正如市场运动的技术走势所显示的那样，这些股票都被充分吸纳了。市场在小幅回调时显得沉闷，在任何上涨时都变得活跃。这样的情形对于任何专业人士来说都是一个好的信号，说明力量仍在买方这一边。"（1911年2月6日）

汉密尔顿与场内交易员一样尊重成交量的指示意义。他写道："活跃的交易员发现下跌时活跃，反弹时沉闷，如果这样的情形持续几天，他们就会做空市场。"（1911年5月4日）

1911年，汉密尔顿毫不含糊地明确了市场活跃度与价格运动之间的关系在解读中的重要性。当时他写道："在研究价格运动时，惰性与活跃具有相同的价值，而且往往是未来重要变化的更加本质特征的重要指示。"（1911年7月14日）

就在剧烈下跌的前两天，一篇汉密尔顿的评论文章出现了，其中包括如下内容："市场的成交在反弹时出现停滞的倾向，而在下跌时变得活跃。这些迹象在专业人士看来，是熊市将继续持续的明确信号。"（1911年9月9日）

1921年，熊市的低点分别出现在6月和8月，汉密尔顿在底部4个点的范围内预测了市场的转折。在随后的12月30日，他注意到市场在下跌时变得沉闷，因此警告不要继续卖空："华尔街的一句古老格言是'永远不要在市场沉闷时卖空'。熊市的反弹是迅猛的，但是经验丰富的交易员会在反弹后的沉闷期明智地再次做空；而在牛市中情况恰恰相反，交易员会在回调后变得沉闷时买进股票。"

对价格平均指数日线图表运动的系统研究表明，牛市中的成交量大于熊市中的成交量。在牛市的次级反应运动中，当下跌后成交量降低时，一般可以安全地假设市场至少暂时是超卖的。通常情况下，反弹可能即将到来。另外，在熊市的次级反应运动中，市场的活跃度在上涨后消失时，可以合理地得出市场处于超买的结论。如果下跌时活跃度明显增加，那么进一步的下跌趋势就近在眼前。

虽然汉密尔顿从未明确提到过成交量高潮的概念，但是任何一个图表的研习者都能看到，次级反应运动的转折点通常会以成交量急剧增加的形式发出信号。

在强调成交量的重要性时，本书作者无意表达这样的观点，即成交量与工业价格平均指数和铁路价格平均指数的运动同样重要。后者始终都是第一重要的，而成交量具有相对次一级的重要意义，在研究价格走势的时候不应忽视它。

◎ 精华笔记

1.研究成交量与价格运动之间的关系，以A股举例，如图15-1所示为上证指数的日线图表，这是一段从2014年7月至2015年6月的大牛市，市场从底部2000点左右涨到了5000点以上。

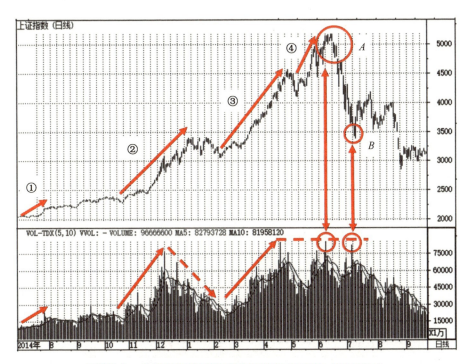

图15-1　上证指数的牛市成交量分析（2014—2015年）

在图 15-1 中，第②段上涨的成交量相对于第①段明显放大。第③段上涨的成交量相对于第②段也明显放大。但第④段上涨的成交量与第③段上涨的成交量基本持平，显示出市场上涨的动能不足。

在第②段上涨的途中，出现了缩量上涨的情况，说明市场只需要相对少的"燃料"就能推动上涨。之后横盘整理又呈现了上涨放量下跌缩量的情形，牛市还可能持续。

而当第④段上涨到位置 A 附近时，顶部出现了线形窄幅整理。随后下跌到位置 B 附近时，成交量与位置 A 的成交量接近。

2. 一年的日线图表大约有 250 个交易日的数据，可以观察到明显的量价关系。而一个交易日有 4 个小时，1 小时有 60 分钟，所以一个交易日的分时图是 240 个时点的数据，也可以用此进行趋势的量价分析。

如图 15-2 所示为上证指数在某一交易日的分时图，图中在 3038 点的网格横线更粗，表示前一个交易日的收盘价大约在 3038 点，对应右侧的纵坐标是 0.00%。

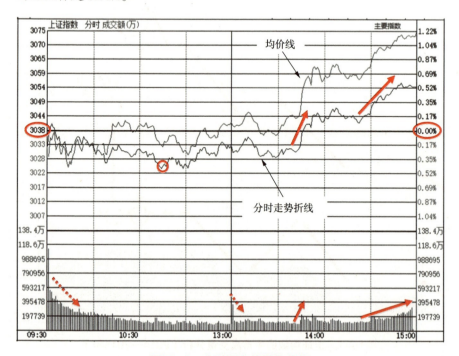

图 15-2　分时图上的量价分析

日内盯盘时，可以通过实时点位相对于粗横线位置的高低，大致判断当天市场是在前一个交易日收盘价的上方还是下方运动。结合右侧的百分比，当天波动的价格或点数也得到了百分比量化。

观察图15-2所示的该交易日的分时走势折线，先低开下挫到最低点后，在底部附近横盘整理。午后放量测试市场的买压，随后开始走一段小型上涨趋势。

关于成交量与价格运动的关系，感兴趣的读者可以查阅理查德·威科夫（1873—1934年）的相关文献。威科夫是当时的财经媒体《华尔街杂志》和《趋势通讯》的主编，他在成交量以及市场参与者"综合人"等领域做了大量研究。

第 16 章
"双顶"与"双底"

16

◉ 导读笔记

1. "双顶"或"双底"属于经典的趋势反转技术形态。

2. 通过对图表进行大量分析，道琼斯价格平均指数的顶部确实出现过"双顶"形态，底部也确实出现过"双底"形态。但是，还有大量其他的底部或者顶部并不是"双顶"或"双底"。

3. 实战中常将"双顶"或"双底"用于分析次级反应运动，例如价格行为学的常见术语：牛旗双底（Bull Flag Double Bottoms）、熊旗双顶（Bear Flag Double Tops）等。

> "双顶"和"双底"在预测价格运动方面只有很小的价值，通常是误导性的。

汉密尔顿多次表示，他认为基于"双顶"或"双底"的推论并不重要。有趣的是，不知道究竟是谁让公众相信了"双顶"或"双底"是道氏理论的重要组成部分。

每当一个市场运动接近先前的高点或低点，我们肯定会读到大量无用的市场投机评论，主要是基于"双顶"或"双底"得出的推论。这类评论的开头通常是："根据道氏理论，如果工业价格平均指数出现了'双顶'……"每个道氏理论的研习者都知道，仅从一个价格平均指数不能得出恰当的推论，而两个价格平均指数同时出现"双顶"或"双底"则极为罕见。即使发生了这样的情况，也很可能是巧合。如果一个人统计了过去35年的重要次级反应运动，就会发现只有极少数是以"双顶"或"双底"结束的。

当价格平均指数在接近先前高点或低点的关键时刻，对于道氏理论的研习者来说，与其利用"双顶"或"双底"寻找趋势变化的线索，更好的做法是，要牢记如果两个价格平均指数都未能突破先前的高点，表明价格

第16章 "双顶"与"双底"

会走低；未能突破先前的低点，则表明价格可能会走高；如果一个价格平均指数突破了先前的高点或低点，另外一个价格平均指数并没有确认，那么从这个运动中得出的任何推论都可能会被证明是错误的。顺便提一下，对照年底标准统计公司（The Annalist and Standard Statistics Company, Inc.）的价格运动图表，会发现价格平均指数偶尔会在一个价格平均指数上出现"双顶"或"双底"，而另外一个价格平均指数却没有明显的形态。汉密尔顿曾经在1926年错误地使用"双顶"理论，得出了牛市结束的结论。事实上，他急迫地想证明自己的结论，甚至只使用了工业价格平均指数的"双顶"作为证据。

◎ 精华笔记

参见图5-1中，1926年下半年的工业价格平均指数的图表。

• • • • • • • •

值得注意的是，尽管在熊市结束时有几次出现了"双底"，但是汉密尔顿明显认为这样的情形上升不到"转折"的重要程度。

浏览一下图8-3所示的9张图表，这是道琼斯价格平均指数九轮熊市的结束形态。可以看出，其中有三轮熊市只有一个价格平均指数出现了"双底"；三轮熊市两个价格平均指数都出现了"双底"，另外三轮熊市则没有出现双底。

在1899年和1909年，两个价格平均指数可以认为都在牛市的顶部出现了"双顶"，但是其他7次的重要上涨运动中没有发生这种现象。然而，确实有很多重要的次级反应运动是以"双顶"或"双底"结束的。例如1898年的秋季，牛市中的一次重大回调，两个价格平均指数都是以"双底"结束，随后开始了强劲的上涨。另外，在1899年的春季和秋季，一组完美的"双顶"给出了错误的信号，因为市场很快就突破了这些高点。对于那些根据"双顶"形态卖空的交易者来说，这样的走势是灾难性的。在1900年初的熊市期间，工业价格平均指数出现了一个未被铁路价格平均指数验证的"双顶"，但是后来被证明是一次重要次级反应运动的结束。

1902年的熊市期间，两个价格平均指数都出现了"双底"，认同这个形态的人将其解释为看涨，但是这些"底"很快就被跌破，并创下了有史以来最严重的下跌。

1906年，在市场处于高位时，铁路价格平均指数出现了一个完美的"双顶"，随后市场剧烈地下跌。在1907年的春季和夏季，在一轮次级反应运动中，既出现了"双顶"，也出现了"双底"。这次反弹高点没有被突破，几周后向下跌破了低点，工业价格平均指数下跌超过了30%。在1911年的春季和夏季，两个价格平均指数都出现了"双顶"，随后的下跌中，工业价格平均指数跌幅较大，铁路价格平均指数跌幅相对较小。在第一次世界大战前的熊市中，两个价格平均指数在市场底部的12%范围内出现了"双顶"。直接根据这个走势的卖空交易可能会遭受损失，因为谨慎的交易者会等到下跌几个点后才把"双顶"作为明确的卖出信号。

价格平均指数还有很多类似的现象，但是任何研习者对这个主题进行仔细分析后都能得出结论，很大程度上，根据"双顶"或"双底"理论得出的推论可能是误导性的，而不是能够提供有益的帮助。

1930年7月和8月，在我们最严重的熊市中，两个价格平均指数都出现了完美的"双底"。许多财经评论家迫不及待地把这种抵抗型下跌视为熊市结束的领先信号。仅仅几周后，主要的下跌运动恢复了，工业价格平均指数在90天内下跌了约60点。最近的例子是，在1931年的冬天到1932年期间，工业和铁路价格平均指数都出现了"三重底"，但市场很快以毫不含糊的方式恢复了下跌趋势。

总之，"双顶"或"双底"，十个中有九个都不是"顶"或"底"。

◎ 精华笔记

1. 与熊市结束时的"双底"不同，牛市中的双底形态叫作牛旗双底。用A股举例，将图15-1放大，仔细观察第②段上涨的次级反应运动，如图16-1所示，在上证指数日线图表上，这是一个不太标准的牛旗双底，也可以将其视为区间整理。

第16章 "双顶"与"双底"

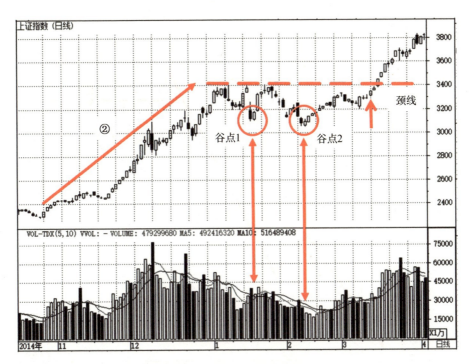

图16-1 牛旗"双底"的分析1

谷点2的位置略低于谷点1,说明市场上的多方将设置在谷点1下方的止损单扫掉了。

谷点2的成交量小于谷点1,说明市场上的空方力量已经枯竭。

从谷点2的位置回升时,需要仔细观察市场在颈线位置附近的价格行为,寻找交易机会。

2.在个股的15分钟图表上,更容易观察到牛旗"双底"的裸K线形态。如图16-2所示,这是浪潮信息(000977)在2023年初的一段15分钟K线走势。

第①段上涨后,阶段②是一个简单回调。

第③段上涨后,出现了牛旗双底形态的复杂回调。在谷点2的位置比谷点1略高,说明很可能市场上的多方力量较强。第二天跳空高开创出新高后,市场在颈线上方做线形窄幅整理,验证了多方力量较强的判断。

图16-2 牛旗"双底"的分析2

第 17 章
个别股票

17

◉ 导读笔记

1. 个股的走势可能与指数类似，也可能走独立行情。

2. 总的来说，牛市中的个股普遍上涨，熊市中的个股普遍下跌。

3. 失败投资者的常见错误有：第一，在熊市中以"价值投资"的名义买入后，接受不了价格继续下跌而卖出赔钱；第二，懒惰的投资者既不学基本面知识，也不学技术分析，只是听消息炒股。

- - - - - - - - -

> 所有的活跃股和筹码分散的美国大型公司股票都会随着价格平均指数同步上涨或下跌。但是，任何一只个股都可能走出独立行情。

价值投资者可能对某些公司的价值和盈利能力了如指掌，但是如果不了解市场趋势，他将不会成为一名成功的投机者。此断言的原因是，一只正常的股票，无论其内在价值或盈利能力如何，都会在牛市中上涨，在熊市中下跌。尽管个别公司的状况可能导致其涨跌幅度超过或低于价格平均指数的实际情况。

每个经纪人都知道，究竟有多少客户坚持在熊市中购买优质股。他们的判断基于个股的派息记录、市盈率和充裕的现金储备。这些人买进后，熊市持续的卖压会迫使价格逐渐走低。当他们忍无可忍卖出的时候，已经忘记了当初买进的理由，并会将自己的损失归咎于"空头"。然而，这不是"空头"的错。这些人应该责怪的只有自己。如果他真的是投资买进，而且买进的理由是基于个股的价值，那么股价的波动就无足轻重。因为不管股价如何变化，他持有的股权比例不会变。但是，如果这类投资者希望有效地打理自己的资金，他就不仅要了解资产负债表，还要了解市场趋势。

还有一种不成功的投机者。他不了解资产负债表，也不想了解；他对市场趋势一无所知，愚昧或懒惰导致他也不想学习。他买进股票的原因是先前一位朋友告诉了他"一个买点很好的"价格，而现在的股价远低于这个价格。随着时间的推移，这种投机者注定会亏损。

这样使我们回到一个根本的结论，即当道琼斯价格平均指数下跌时，个别股票则在上涨，并且持续上涨，这样的机会确实很小；相反，在价格平均指数上涨时个别股票下跌的情形也很少见。任何一名投机新手只要把价格平均指数的每日波动与10多只个股的波动对照一下，就能够验证这个结论的真实性。

◎ 精华笔记

1. 判断市场的趋势需要结合两个指数的表现。以A股为例，如图17-1所示，2020年上半年有一段小型牛市。期间上证指数从2020年3月19日最低点2646.80点到2020年7月13日最高点3458.79点，涨幅约30%；深证成指从2020年3月24日最低点9634.97点到2020年7月14日最高点14151.00点，涨幅约47%。

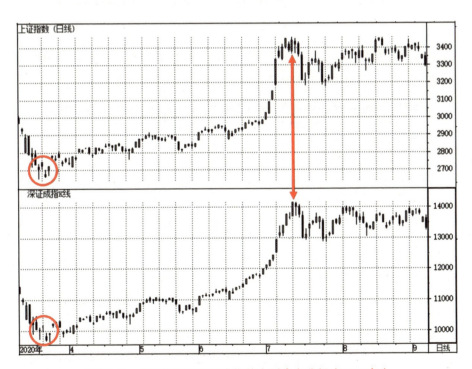

图17-1 上证指数和深证成指的小型牛市分析（2020年）

2. 在这轮小型牛市中再看个股的表现。如图17-2所示，使用炒股软件的区间分析功能，统计从2020年3月19日到2020年7月14日全部A

股的涨幅排名。排除前面几只新股，排名第五的王府井（600859）在此期间收盘价上涨了 58.86 元，涨幅约为 489.28%。此个股的涨幅远远超过了两个指数的涨幅。

区间分析--涨跌幅度 全部A股 区间：2020-03-19,四 至 2020-07-14,二 后复权 过滤5天内新股 点右键操作

	代码	名称	涨跌幅度↓	前收盘	最高	最低	收盘	振荡幅度	最大上涨%	最大回撤%	成交量	总金额	市场比%	换手率%
1	603392	万泰生物	220.53 1750.24%	12.60	239.00	12.60	233.13	226.40 1796.83%	1796.83	-13.14	218.1万	341.6亿	0.06	17.20
2	688126	沪硅产业	54.40 572.63%	9.50	69.00	8.96	63.90	60.04 670.09%	670.09	-26.51	6986万	1791亿	0.30	256.80
3	300841	康华生物	478.95 567.21%	84.44	563.39	84.44	563.39	478.95 567.21%	567.21	--	15953	5.19亿	0.00	1.31
4	835179	凯德石英	36.97 527.39%	7.01	45.02	9.00	43.98	36.02 400.22%	400.22	-25.00	11358	1989万	0.00	1.90
5	600859	王府井	58.86 489.28%	12.03	79.57	11.77	70.89	67.80 576.04%	576.04	-16.09	1822万	734.3亿	0.12	166.63
6	300831	派瑞股份	22.79 476.78%	4.78	30.98	4.78	27.57	26.20 548.12%	548.12	-23.61	797.5万	208.7亿	0.03	432.31
7	002985	北摩高科	125.62 464.57%	27.04	162.99	27.04	152.66	135.95 502.77%	502.77	-16.68	312.6万	332.2亿	0.06	149.14
8	688399	硕世生物	347.60 457.37%	76.00	478.26	71.03	423.60	407.23 573.32%	573.32	-26.72	167.0万	304.1亿	0.05	284.89
9	832662	方盛股份	26.69 414.44%	6.44	33.13	10.82	33.13	22.31 206.19%	206.19	0.00	8	2.04万	0.00	0.00
10	300824	北鼎股份	28.48 401.69%	7.09	35.57	7.09	35.57	28.48 401.69%	401.69	-6.31	582367	18.7亿	0.00	18.43
11	300832	新产业	140.45 372.84%	37.67	197.00	37.67	178.12	159.33 422.96%	422.96	-14.98	237.0万	376.1亿	0.06	33.94
12	002980	华盛昌	63.93 357.75%	17.87	92.96	17.87	81.80	75.09 420.20%	420.20	-27.73	615.4万	363.9亿	0.06	856.73
13	831726	朱老六	6.89 341.09%	2.02	10.41	2.02	8.91	8.39 415.35%	415.35	-25.15	6794	328.1万	0.00	1.21
14	300842	帝科股份	69.50 333.33%	20.85	91.00	20.85	90.35	70.15 336.45%	336.45	-11.00	434021	34.7亿	0.01	50.47
15	603439	贵州三力	29.35 332.77%	8.82	44.10	8.82	38.17	35.28 400.00%	400.00	-26.09	702.2万	236.5亿	0.04	171.95
16	002400	省广集团	8.70 306.34%	2.84	12.85	2.76	11.54	10.09 365.58%	365.58	-31.03	2.79亿	2330亿	0.39	1664.91
17	833284	灵鸽科技	4.43 301.36%	1.47	5.90	1.47	5.90	4.43 301.36%	301.36	--	5020	75.35万	0.00	1.97
18	600918	中泰证券	15.72 298.86%	5.26	21.69	5.26	20.98	16.43 312.36%	312.36	-19.86	4773万	753.2亿	0.13	120.15

图17–2 区间涨幅分析

3. 单击图 17–2 表头上的“涨跌幅度”，将列表改为按跌幅从高到低排序，如图 17–3 所示。可以看到即使是在牛市，也有不少个股的跌幅超过了 30%。

区间分析--涨跌幅度 全部A股 区间：2020-03-19,四 至 2020-07-14,二 后复权 过滤5天内新股 点右键操作

	代码	名称	涨跌幅度↑	前收盘	最高	最低	收盘	振荡幅度	最大上涨%	最大回撤%	成交量	总金额	市场比%	换手率%
1	600083	博信股份	-6.75 -61.48%	10.98	10.89	3.27	4.23	7.62 233.03%	47.71	-69.97	1095万	72.6亿	0.01	480.07
2	600734	ST实达	-2.41 -53.32%	4.52	4.70	1.92	2.11	2.78 144.79%	87.91	-59.15	1698万	50.9亿	0.01	80.86
3	002575	群兴玩具	-3.66 -53.04%	6.90	7.22	2.62	3.24	4.60 175.57%	44.15	-63.71	737.9万	30.0亿	0.01	128.13
4	002280	联络互动	-1.40 -50.72%	2.76	3.05	1.28	1.36	1.77 138.28%	46.41	-58.03	7006万	138.7亿	0.02	357.33
5	831526	凯华材料	-1.39 -50.36%	2.76	4.40	1.37	1.37	3.03 221.17%	189.47	-68.86	22784	256.3万	0.00	9.23
6	002052	ST同洲	-1.40 -50.18%	2.79	2.97	1.15	1.39	1.82 158.26%	35.65	-61.28	1156万	19.8亿	0.00	155.00
7	002256	兆新股份	-1.05 -48.84%	2.15	2.18	0.69	1.10	1.49 215.94%	75.36	-68.35	2621万	31.8亿	0.01	182.06
8	838924	广脉科技	-5.42 -45.17%	12.00	11.00	5.50	6.58	5.50 100.00%	100.00	-50.00	3181	197.1万	0.00	0.65
9	603555	ST贵人	-1.49 -44.35%	3.36	4.08	1.68	1.87	2.40 142.86%	27.10	-58.82	586.6万	16.3亿	0.00	37.33
10	000890	法尔胜	-1.86 -43.36%	4.29	4.39	1.90	2.43	2.49 131.05%	27.89	-56.72	559.1万	15.8亿	0.00	133.27
11	600226	瀚叶股份	-1.02 -42.15%	2.42	3.13	1.40	1.40	1.73 123.57%	42.92	-55.27	2572万	67.6亿	0.01	82.57
12	000980	众泰汽车	-0.95 -41.48%	2.29	2.69	1.25	1.34	1.44 115.20%	26.86	-53.53	2521万	49.7亿	0.01	57.08
13	002638	勤上股份	-1.18 -40.97%	2.88	3.37	1.56	1.70	1.81 116.03%	33.50	-53.71	2065万	50.5亿	0.01	153.29
14	002506	协鑫集成	-2.02 -39.22%	5.15	5.13	2.41	3.13	2.72 112.86%	42.32	-53.02	1.54亿	460.4亿	0.08	262.56
15	002535	林州重机	-0.90 -37.97%	2.37	2.51	1.20	1.47	1.31 109.17%	28.33	-52.19	1089万	17.1亿	0.00	218.86
16	835579	机科股份	-3.92 -36.84%	10.64	11.40	6.28	6.72	5.12 81.53%	16.88	-44.91	8074	636.1万	0.00	2.33
17	600892	大晟文化	-1.81 -36.71%	4.93	5.40	2.49	3.12	2.91 116.87%	31.33	-53.89	514.9万	17.4亿	0.00	92.05
18	002676	顺威股份	-2.05 -35.65%	5.75	5.50	3.15	3.70	2.35 74.60%	24.93	-42.73	2908万	112.3亿	0.02	403.86

图17–3 区间跌幅分析

有的个股走势与大盘指数存在一定程度的关联，有的个股也会走出独立行情。

对于投资者来说，即使在市场环境走牛的背景下，选股也是非常重要的。

第 18 章
投机

18

◉ 导读笔记

1. 与赌博不同，投机也是一项专业性很高的活动。

2. 除了掌握正确的分析理论之外，还需不停地实践与总结，尤其要控制账户亏损。

3. 道暗示了长期下来的年化收益率若能做到12%，就已经比较可观。尽管这个数字在业余人士看来并不算高。

· · · · · · · · ·

一个男人结婚和参军一样，都是在冒险；供养自己的儿子上大学也同样是在冒险。父亲在评估孩子能否保持专注力和培养有益的习惯时，本质上与一个商人在采购秋季大衣时预测天气和顾客的购买力一样。我们会批评这些冒险吗？当然不会，因为在上述情形中，明智的预测会得到认可。因此，聪明的投机者不能与那些不务正业的董事会相提并论。以赌博的方式做交易会赔钱几乎就是一条公理；而聪明的投机者，即使没有赢利也会将亏损控制在个人能够承受的范围内。

杰西·利佛摩尔曾在《巴伦周刊》中说过："所有市场运动都基于合理的推理。除非一个人能够预测未来的事件，否则他成功投机的能力是有限的。投机是一门生意，既不是猜测，也不是赌博。它是勤奋的工作，而且是大量勤奋的工作。"

投机既是一门艺术，也是一门科学，其道德性经常受到质疑。抛开投机行为本身的对错，投机对任何文明国家的商业进步都是至关重要的。没有投机，我们横贯大陆的铁路将永远无法建成，我们今天也不会有电力、电话、收音机或飞机。许多人在购买无线电和飞机制造公司股票时都遭受了损失，有着不愉快的记忆。但是那些半途夭折的公司所发行股票的每一股，无论直接还是间接，都是对该行业进步的贡献。

即使是最狂热的投机也有其价值，因为当股票的价格以惊人的速度飙升时，新兴企业就很容易募集资金。通过在股市募资，许多传统企业也能得以发展。美国西部的大开发很大程度上就是投机的硕果。汉密尔顿认为投机和良好的经济是亲兄弟，正如以下摘录所示："股票市场的投机是创造信心的方式。这种信心能够刺激总体经济的扩张。这是'股市是经济的晴雨表'的另外一种表达方式。股市对经济的反映不是根据每天的新闻，而是经济领域综合智慧的整体预期。整体经济短期看好的预测是肯定和可靠的。"（1922年5月22日）

很难界定投机与赌博之间的区别，因为投机必然会涉及可能被解释为赌博的一些冒险行为；同样可以肯定的是，一些形式的赌博也包含了投机的成分。《韦氏词典》中，投机是指利用价格的涨跌预期能够赢利的买进或是卖出行为，或是从事冒险的商业交易以期获得巨大的利润。这个定义显然适用于股市的保证金交易。同一本字典则把赌博定义为一种以金钱或是其他赌注为目的的游戏，或是某些孤注一掷的行为。按照这种严谨的定义，当一名投机者买进100股钢铁股后，在成交价上方和下方的2个点分别放置止盈单和止损单，这样的行为可能会让人觉得是在赌博。当然，很多交易者本身也认为这样的交易确实是赌博而不是投机。股市圈子里的经纪人通常会这样解释投机与赌博的差异：赌马的时候，一个人的押注对于赛马的速度没有丝毫影响；而在纽约证券交易所交易100股钢铁股时，无论交易者是否认为自己在赌博，交易所成交的100股都会对股价产生影响。一场针对钢铁股精心策划的突袭可能会压低股价，这样的策略是成功的投机而不是赌博。总的来说，我国的法律支持投机，但是谴责赌博。

没有数学公式能够给出一种股市投机的成功方法；也不存在任何固定的规则，只要遵循这些规则就能够在股市中一直赚钱。另外，一些规则和定理无疑对投机者提供了极大的帮助，道氏理论或许就是最佳的选择。如果本书没有能够概括出道氏理论评估市场趋势的方法，那么就没有达到本书的目的。读者必须明白，掌握道氏理论既需要时间，同时也因人而异。除非投机者能以无限的耐心和自律去实践，否则道氏理论也无法防止他损失金钱。任何使用该理论的交易者必须要独立思考，并且在任何时候必须遵循自己的结论；当然也要注意不能让个人的欲望影响自己的判断。对于道氏理论的研习者来说，如果他根据自己的结论做交易出错了，随后了解了为什么会出错，肯定比猜测市场要好得多。自信和勤奋是迈向投机成功的基础，20个人里可能只有1个人是真正的成功者。

几乎每一本与投机有关的书都提出了一些对成功至关重要的公理。虽然这些公理通常都已经过深思熟虑，但是只有卓越的人才能从别人的忠告中受益。因此，尝试解释金字塔加码法的危险可能是无用的。巨大的利润通常会诱惑交易者尝试，只有真实的痛苦经历才能使他意识到这样的操作在市场中的固有风险。

汉密尔顿认为，在价格上涨时加码比在下跌时摊平要好很多，这个建议值得记住。任何交易者只有在认为价格会上涨的时候才能买进股票。当然，一些人在股价下跌时购买股票以作为长期投资。上述言论并不是对这种操作方式的批评。

交易者首先必须学会一点，在任何时候都应该把损失控制在自己能够承受的范围内。一位年轻的投机者曾告诉一位经验丰富的老交易员，他的投机交易让他烦恼，以至于晚上睡不着觉。老交易员的建议是："降低你的仓位，直到你能够安然入眠。"

汉密尔顿经常说，华尔街的主流观点通常是错误的。假如汉密尔顿所言正确，那么对于一位了解道氏理论的交易者，如果市场的行为表明了做空是明智之举时，即使华尔街的情绪牛气冲天，他也应该毫不犹豫地卖空股票。当华尔街处于牛市时，汉密尔顿会说乐观的人太多了；当公众情绪非常悲观时，他会告诫读者，由于看空的人太多，道琼斯价格平均指数出现了超卖。如同优秀的医生检查了体温、脉搏和呼吸记录后，预测患者的康复过程一样，汉密尔顿似乎能够通过道氏理论来理解股市，并预测随后的市场运动。

然而，即使是最有能力的投机者也会偶尔遇到一系列的意外事件，完全抵消或破坏了周密计划的结果。很明显，没有任何系统或理论能够预测到旧金山大地震；多年前的芝加哥大火灾也同样无法预测。

统计数据当然有价值，但是应始终服从价格平均指数反映的市场观点。那些只使用统计数据作为市场指南的人从未被证明是真正的市场先知。马克·吐温曾经说过："谎言有三种：谎言、该死的谎言和统计数据。"

第18章 投机

任何试图一直参与市场的人几乎肯定会赔钱。因为很多时候，即使最老练的交易员也看不懂市场。股市有一句很好的格言："当你犹豫时，就什么都不要做。"此外，如果交易者错误地判断了市场趋势的方向，并且按照自己的判断执行了交易，进而导致相当大的亏损，这个时候，他应该完全退出市场，站在场外，直到自己恢复平静。

除了场内交易员外，没有人能够依靠抓住市场的小幅波动进行成功的投机。在次级反应运动中，场内的交易员比场外的交易者拥有更大的优势。场内交易员的工作就是利用这些转折。在华尔街人士察觉到市场变化的很久之前，他就能够对技术形势进行评估，并感知到市场情绪的微小变化。汉密尔顿经常说："从长远来看，与其他任何事情一样，专业人士比业余人士更容易获得成功。"

无论是在纽约还是偏僻的西部，投机者在阅读市场价格记录时，有时候可能会意识到交易所场内正在测试市场的情绪。这个时候，会有少数几只领先股被推高。通常情况下，推高的领先股会在稍后受到压力。局外人很难理解这种测试以及测试的结果。但是，那些做测试的人，会知道公众既不会跟风买进，也不会杀跌卖出。通过这种测试，专业人士能够判断出在特定的时间顶部还有多少上涨空间，或是底部还有多少下跌空间。

交易佣金、交易税、零股最低收费，以及买卖之间的点差是投机的交易成本，并导致"快进快出"的交易方式很难赢利。但是，许多有资金、有勇气并且谨慎的人，如果能够通过对市场趋势和公司资产负债表的详尽研究，进而获得一手信息，就能够克服这些投机的障碍。[①]很少有投机者会仔细计算这些交易障碍对投机赢利的影响并理解成功投机是一个小概率事件。克服这些障碍的唯一的方法是理解市场趋势和股票价值，并遵循汉密尔顿的建议，即投机者应该学会迅速砍掉亏损，并让利润奔跑。汉密尔顿认为，在所有的因素中，自负是造成亏损最大的原因。

早在1901年，道在撰写一篇关于投机的评论文章时表示："对于想要入市交易股票的人来说，无论资金规模大小，如果将股票交易视为每年能够获

[①] 原书注：1932年通过的"联邦和纽约州增加股票交易税收的法案"，显著增加了交易者的税收障碍。

得12%的收益而不是每周获得50%的暴利，那么从长远来看，他们的收益会好得多。每个人在经营自己的私人生意时都知道这一点，但是一个在经营商店、工厂或房地产时谨慎的人，却似乎认为在股票交易中应该采用完全不同的方法。事实远非如此。"

许多成功的商人、制造商或旅馆老板会拿他们多年的收入，冒险从事他们一无所知的股票投机。对于这个明显的事实，从未有人给出令人满意的解释。这些人几乎无一例外地认为股票交易不需要任何知识或研究，尽管他们在其他行业，不会在没有仔细考虑投资的收益和风险之前就冒险投入大额资本去扩大业务。在股市投机中，这些人即使订阅了一些咨询服务，他们也经常根据董事会会议室里的消息和流言进行交易。然而，假设他们确实是根据一家咨询服务公司的建议进行交易，那么真就是例外了，尤其是在对该咨询公司的能力或多年来预测的准确性进行彻底调查后。一个明显的事实是，如果这些咨询服务机构提供的建议真如他们自己常说的那样好，那么经营这些提供咨询服务的人，大可以把他们投资在咨询服务业务上的钱直接用于股市投机。

"爆仓"的投机者通常在投机交易和自己的生意上配置了等额的金钱或承担相同的风险，但是他们花在投机上的时间和精力远不及自己的生意。这些人很少承认，自己对投机的无知才是亏损的原因。他们更愿意指责"华尔街"和"熊市"，并认为自己受某种神秘方式的欺骗而损失了金钱。他们没有意识到，在所有的职业领域中，成功的投机需要更多的勤奋、智慧、耐心，以及精神训练。

或许，业余的投机者在了解了专业人士的真实收益后，可能会少损失一些金钱。一个合理的假设是，一名场内交易员的投机基金是100万美元，他会对长期下来的年化收益率在20%感到满意。事实上，究竟有多少人能够达到这样的成绩还是一个疑问。但是，拿着2500美元的投机者并不满意这样的年化收益率，尽管他涉足了一项自己一无所知的游戏，却自信地希望比成功的专业人士做得更好。几位经验丰富的投机者——在华尔街积累了巨额财富的人——会将长期的年化收益率设定约为12%。以复利计算，这样的年化收益率会在六年内翻一番。但是，市场的新手很难指望在短时间内获得这样的成就。

第 19 章
股市哲学

19

◉ 导读笔记

1. 汉密尔顿在应用道氏理论的过程中，经常出现与其他股市评论家意见相左的情形，而事后证明他的分析是对的。

2. 谦虚的汉密尔顿在观察市场价格变动时，总是保持理性、客观的态度，不会被市场情绪带着走。

3. 雷亚从汉密尔顿汗牛充栋的文章中摘录了这些哲学语句。它们适合投资者闲暇时反复琢磨，毕竟做交易时，没有新鲜的事。

● ● ● ● ● ● ● ●

汉密尔顿善于用简洁的评论和他多年来观察华尔街的习惯积累的市场智慧来增加技术分析的趣味性。这些有趣的评论与道氏理论关系不大，或者根本没有关系，但任何回顾他工作的人都会对他的某些观察印象深刻。也许他在试图强调一些对读者有用的东西。在其他情况下，他表达了对某些股市评论家的蔑视，他们不以谨慎的方式写作有关金融主题的文章。偶尔，汉密尔顿在回复一些愚蠢的读者来信时，可能会使用人们熟悉的比喻。无论如何，下面这些来自评论文章的典型摘录都值得一读。

在熊市中，某些股市评论家宣称典型的次级反应运动是牛市的第一阶段。汉密尔顿不同意他们的观点时写道："一燕不成夏，仅仅一次反弹……不能构成牛市。"（1908年7月8日）

另一次，在大型牛市的最后阶段，某些投机服务机构预测还有大行情，《华尔街日报》的读者被告诫："树木不会长到天上去。"（1908年12月23日）

"听到某些知名的公司大量出借股票是很有趣的，同时也有启发性。这表明了相应的空头利益，但这并不意味着借入股票（融券）的人不能选择交付这些股票。事实上，如果他们还卖出了更多借入的股票，就会创造一个弱势的空头仓位的印象，这对他们来说将是明显的优势。有经验的华尔街老手总是对这种情形持怀疑态度。"（1921年8月25日）这是汉密尔顿在一些股市评论家自信地预测市场会有一个"轧空"引发的上涨行情时写的。这句摘录包含了合理的市场逻辑。

在股市距离 1921 年低点仅仅不到 3 个点时，汉密尔顿写道："大量的智慧格言和现代实例都表明，投资者很少在底部买进，也很少在顶部卖出。便宜的股票从来都不吸引人。这不是自相矛盾的荒谬之词，而是市场事实的真实记录。如果便宜的股票很有吸引力，今天的股市就会很活跃，会有兴致勃勃甚至激动的公众……现在的市场中没有足够的……有兴趣的关注者。"

有些投资者基于价值和收益买进股票，在讨论这些人的想法时，汉密尔顿写道："他也许有能力为自己的股票买单。但他不能忘记，必须每天查看一下股价。"当这类投资者看到股价下跌几个点时，"他说自己会承担损失并牢记教训。投资者对教训的理解完全错了，他忘记的不是他的损失，而是他买进股票的理由。"（1921 年 3 月 30 日）

这条评论值得牢记，因为其解释了从收益和合理价值来看，好股票不应该下跌但是经常会下跌的原因："多头平仓往往会导致市场的不稳定……有一点很容易被忘记，绩优股比绩差股更脆弱。绩优股的市场是真实的，绩差股的市场是名义上的。必须偿还贷款的人只能卖出有买家的东西，而他们持有的没有买家的东西根本就卖不出去。"（1921 年 3 月 30 日）当然，这里是指市场的大作手们为了保护贷款而不得不清算大量的优质股票。这些大作手们无疑更愿意卖出自己手中的绩差股，但由于市场的疲弱，他们无法这么做。

在评论自己的工作并捍卫道氏理论时，汉密尔顿写道："对价格走势的研究……当偏离了道氏理论健全而科学的原则时，大多数的结论是错误的。"（1919 年 8 月 8 日）

汉密尔顿的评论文章经常鼓励在重要的次级反应运动时买进股票。曾经有一次，他写道："……在最糟糕的情况下……这次回撤也没有超过法国人所说的'回退还是为了更好地前进'幅度。"（1911 年 7 月 14 日）汉密尔顿在评估次级反应运动方面拥有罕见的能力，对于那些相信这种能力的人来说，这句口头禅的重复总是被视为看涨的建议。

在 1924 年到 1929 年之间的不同时期，汉密尔顿对投资和投机活动的扩大进行了评论。汉密尔顿注意到，股票的发行范围每年都在扩张，不仅是行业领先公司的股东人数在增加，而且全国都有以前仅在一些重要金融中心才会有的活动。如果不是唯一的一个人，也是少数的几个人之一，汉密尔顿预见到这个新因素可能会在剧烈的清算活动中注入新的危险。以下摘录中的警告写于1925年，上述观念也曾在1929年崩盘期间被多次阐述："永远都不要忘记市场的技术状态……如果出现意外情况扰乱了公众的信心，将会出现来自全国各地的抛售潮。华尔街不能像过去一样精确计算出股票的仓位，因为以前的持仓绝大多数集中在纽约。"（1925年3月9日）那些不幸在1929年顶峰之后遭遇剧烈清算的人们体会到了这一远见的智慧。

一些喜欢给《华尔街日报》编辑写长信的读者，会提出一些从他们自己投机分析系统得出的结论，他们对此深信不疑。对于这些读者，汉密尔顿经常在评论文章中回复："对图表、系统和一般规则的教条化是通向毁灭的道路，这句话怎么重复都不为过。"（1909年3月17日）图表对于那些使用道氏理论的人来说，就像账簿对于银行一样有必要，但研习者必须避免教条主义或过于精确的解释。我们都知道市场很少按预期表现，这导致汉密尔顿宣称："市场的表现完全符合预期，几乎让人有一种不可思议的感觉。"（1906年5月19日）

曾经有一次，在牛市繁荣期的乐观氛围广为传播时，汉密尔顿告诫他的读者："根据各种流行的说法，未来六个月我们将会有一轮伟大的牛市，公众会在顶部买进股票。到目前为止，明智地分配的诱饵还没有吸引到太多的鱼。"（1909年12月20日）有趣的是，这是在牛市的顶峰仅仅几天前写的。汉密尔顿非常清楚，鱼（上钩的人）已经吞下了超过他们消化能力的诱饵。

还有一次，汉密尔顿写道："……就股市的长期经验而言，最佳的买进信号都呈现为出色的伪装。在其他条件相同的情况下，臭名昭著的'内部出售'一定程度上有利于看涨。那些需要大量派发股票的人不会大张旗鼓地去做。"（1923年1月16日）这是他警告市场新闻通常具有欺骗性的一种方式。假如汉密尔顿经历了1930年至1931年的困难时期，他可能警告我们中的一些人，不要轻易接受那段时间提供的"诱饵"。当实力强大的利益集团试图派发他们的持股时，一定会竭尽全力拉高股价。

1923年4月27日，汉密尔顿并不认为"……那些学院派的经济理论……"可能会动摇道氏理论的意义。

"……道琼斯价格平均指数……具有所有其他预测方法所不具备的判断价值,但是它们并不总是在说话。"(1925年12月17日)对于一些高价咨询服务机构来说,这是有价值的建议。

"每个有经验的华尔街交易员都知道,对于已经站在了市场正确一方的交易者,在100点的上涨过程中,如果不能适时兑现赢利,反而利用浮盈加仓,这样会导致无须大幅下跌,也会让他处于比开始时更糟糕的状态。他通常会发现自己在市场的顶部进行了金字塔加仓操作,结果相对较小的下跌就会把他击垮。"(1928年12月12日)

"华尔街的一个老生常谈就是在牛市中无新闻。事实的真相是,一旦发布了股票上涨的原因,往往标志着上涨运动的终结。"(1912年4月1日)

在熊市期间,当政治家们批评华尔街时,恼怒的汉密尔顿写道:"看在上帝的份上,难道我们不能开始一种真正的美国主义,允许我们擤鼻涕吗?在其历史上,纽约股票市场几乎每一次都比其他人更早地察觉到了前方的危险,然后安全地进行了清算。"(1924年11月12日)

汉密尔顿在《股市晴雨表》中写道:"华尔街有无数亏钱的例子,原因是这些人过早得出了正确的结论,过早地进场操作。"

"从来就不存在所谓正常的市场。"(1911年5月4日)

"如今每个人都在做投机。多年的经验表明,这些普通人的判断并不像某些人(专业投机者)那样好。"(1928年12月8日)

1929年,在牛市接近尾声的时候,汉密尔顿写下了这样的评论:"那些在活跃股市中按照通常的金字塔加仓模式建立头寸的人,大多数人都有不能忽视的个人事务。"(1928年12月8日)

《华尔街日报》明智地避免了许多报刊发表年度预测的习惯。在对这种做法进行评论时,汉密尔顿写道:"通常来说,评论比预测好。在新年过去不到一周的时间内,所谓的预测就会被遗忘。"(1929年1月1日)

1922年5月,市场弥漫着熊市的论调。公众被告知股票操纵集团正在抛售股票,因为股价上涨得太快。《华尔街日报》从未参与此类活动以保护读者。汉密尔顿在评论中告诫："……可以提出这样一个观点，股市中的'集团'……通常不会大张旗鼓地派发股票。"（1922年5月22日）有趣的是，随后的5个月市场迅速上涨，并且没有发生重大回调。

"一个人在投机中选错了股票，或者选对了股票但选错了时间（这种情况相对少见），总是会把自己的错误归咎于他人。他不认为股票市场是经济的晴雨表。他认为自己先研究晴雨表就能赚钱，然后再研究经济；或者根本不用研究经济，也能赚钱。恐怕很难说服他调整研究的顺序。这一点最近已经被韦尔斯利·希尔斯的研究所证明，同时做两件事会导致不可避免的混乱。"（1923年7月30日）

"除了在最不寻常的情况下，投机者……不能期望任何股票能够逆市场大势而上涨，并从中获利。"

对于投机的道德问题，这条评论摘录表明了汉密尔顿的看法："……我认为投机根本不涉及道德问题，只要它不堕落到用别人的钱去赌博的地步。"

很明显，汉密尔顿因读者来信要求其提供更频繁的市场建议而感到厌烦，他在很长一段时间内不再给出市场建议。汉密尔顿解释了其中的原因："我们无意与巴布森先生竞争，也无意与那些还没有被完全神话的预言家竞争。由于《华尔街日报》中关于价格运动的讨论被解读为股市操作提示，因此被放弃了。"

汉密尔顿在离世前的最后几周做了最后一次市场预测，要是能够知道究竟有多少读者遵循他的预测就好了。1929年10月26日，汉密尔顿写道："就道琼斯价格平均指数的晴雨表而言，自周三（10月23日）以来，市场的主要运动已经转为向下。"这段话是汉密尔顿卓越职业生涯的墓志铭。因为必须记住一点，汉密尔顿写下这句话的时候，绝大多数的股市预言家仍旧是"新时代"牛市的信徒。

附录
1897—1925 年道琼斯工业价格平均指数和铁路价格平均指数的图表（重绘）

道氏理论：精华笔记图文版

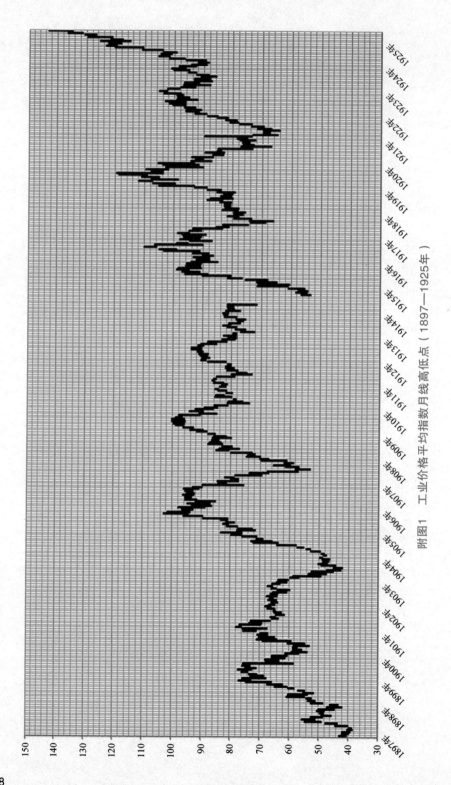

附图1　工业价格平均指数月线高低点（1897—1925年）

附录 1897—1925年道琼斯工业价格平均指数和铁路价格平均指数的图表（重绘）

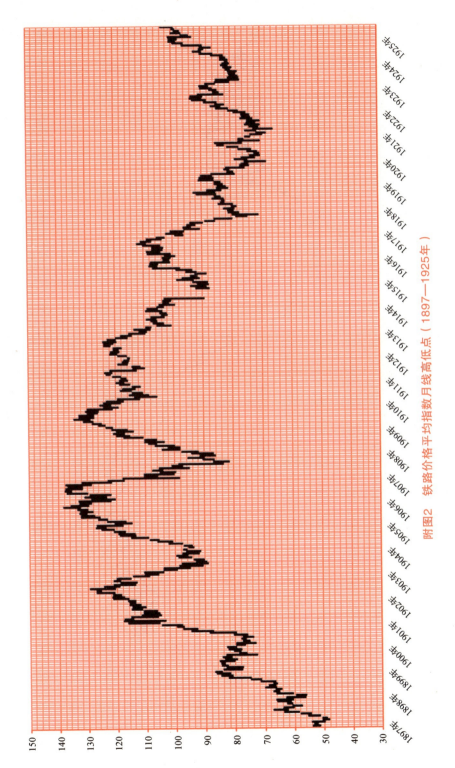

附图2 铁路价格平均指数月线高低点（1897—1925年）

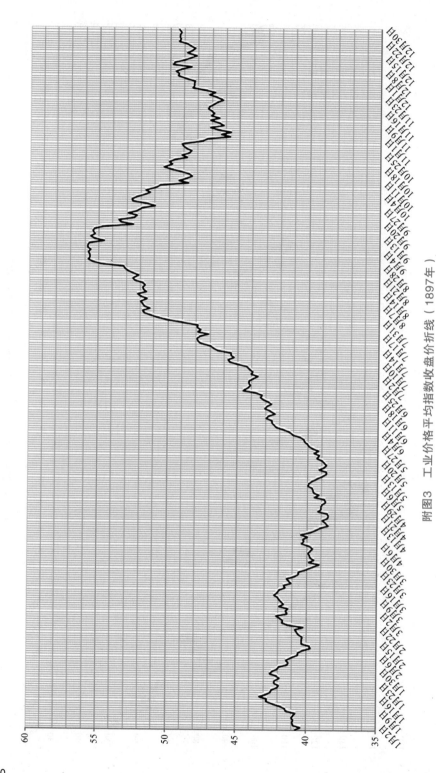

附图3 工业价格平均指数收盘价折线（1897年）

附录 1897—1925年道琼斯工业价格平均指数和铁路价格平均指数的图表（重绘）

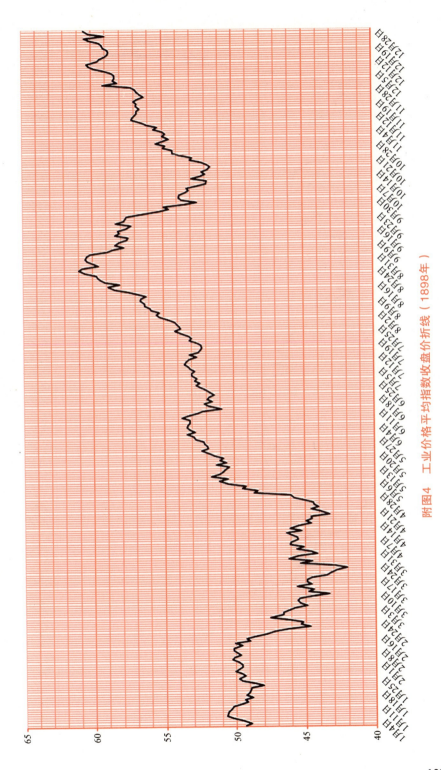

附图4 工业价格平均指数收盘价折线（1898年）

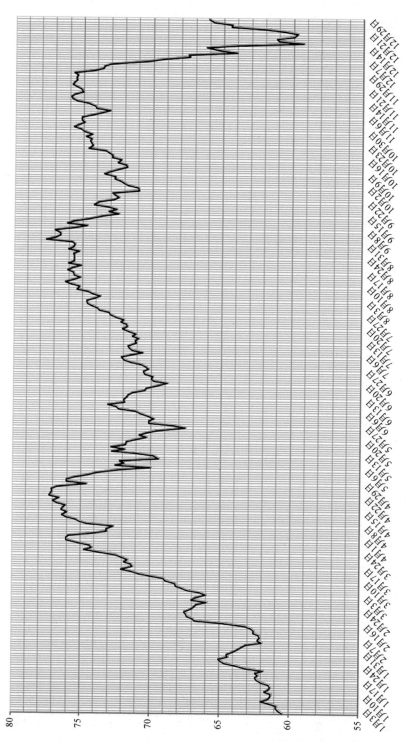

附图5 工业价格平均指数收盘价折线（1899年）

附录 1897—1925年道琼斯工业价格平均指数和铁路价格平均指数的图表（重绘）

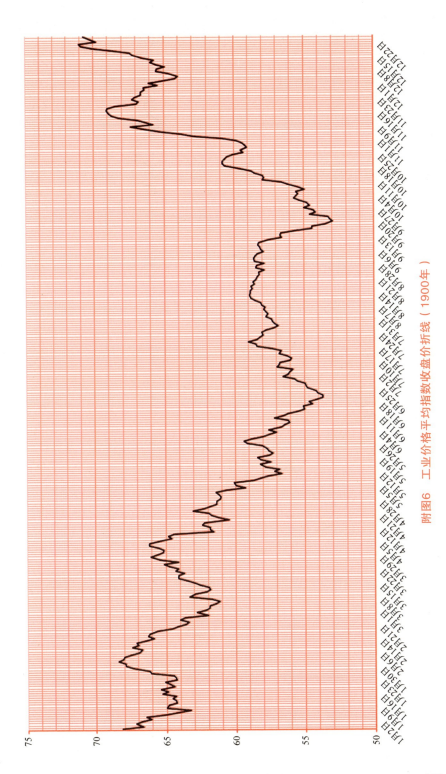

附图6 工业价格平均指数收盘价折线（1900年）

道氏理论：精华笔记图文版

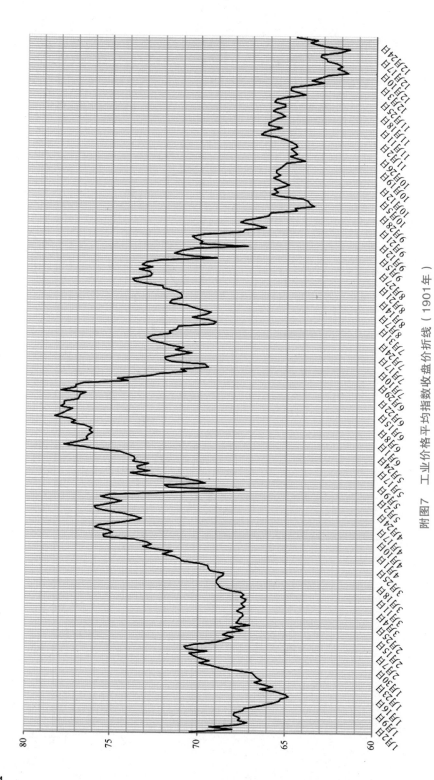

附图7 工业价格平均指数收盘价折线（1901年）

附录 1897—1925年道琼斯工业价格平均指数和铁路价格平均指数的图表（重绘）

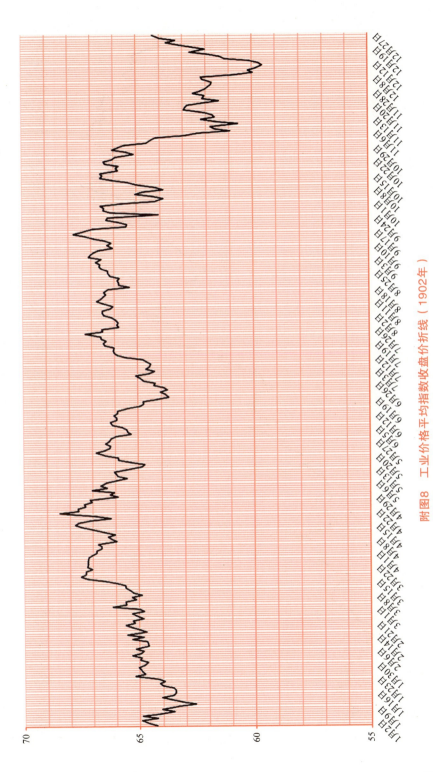

附图8 工业价格平均指数收盘价折线（1902年）

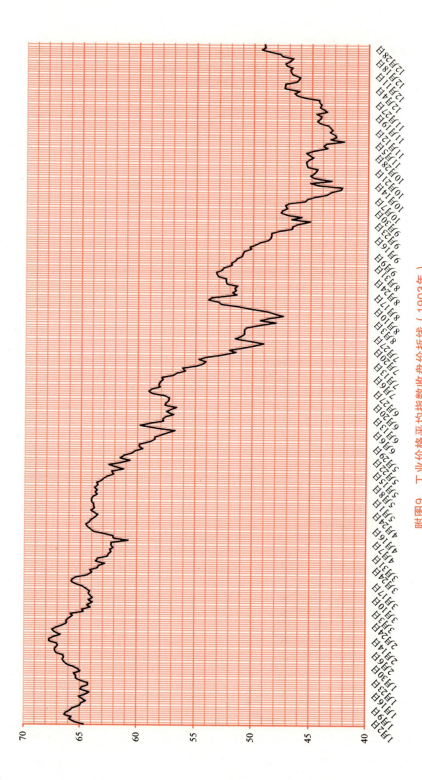

附图9 工业价格平均指数收盘价折线（1903年）

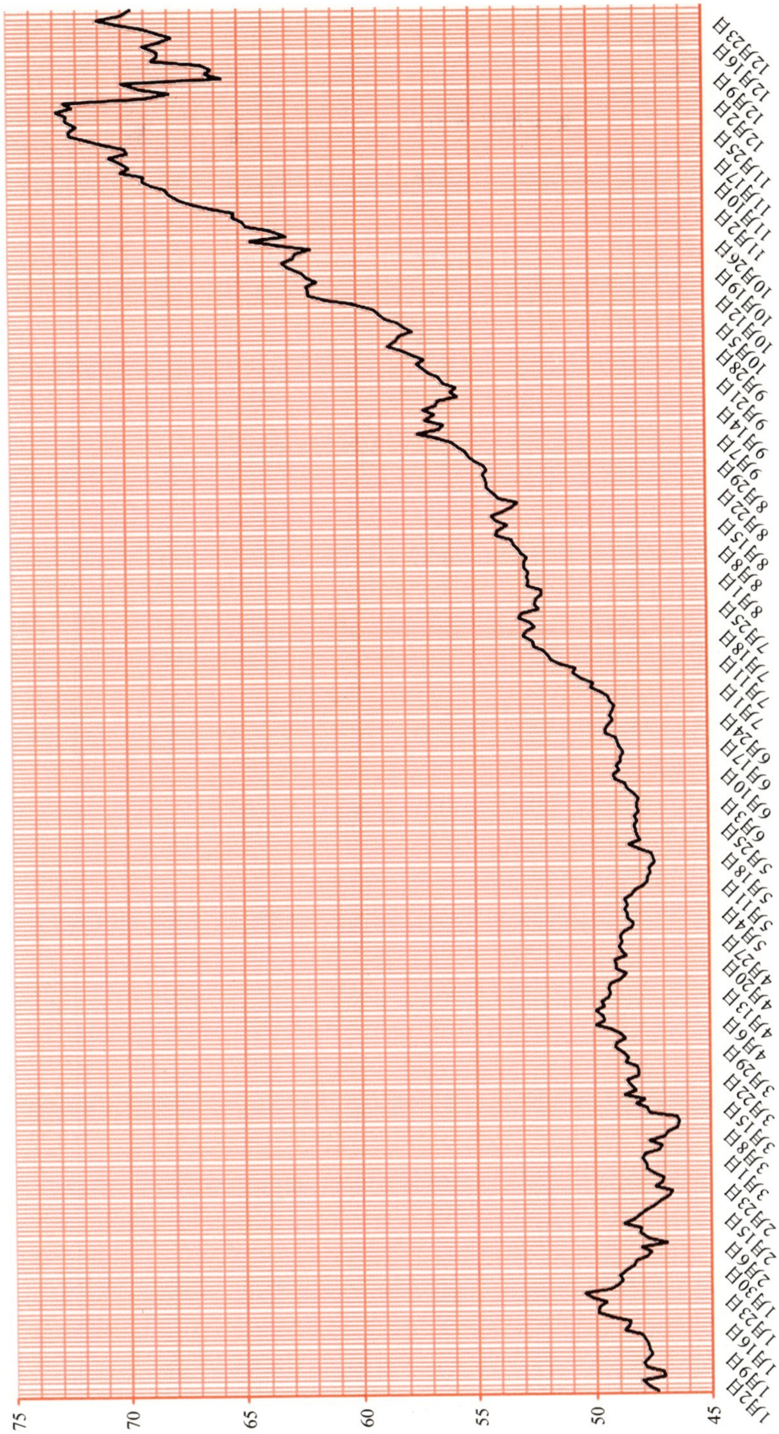

附录　1897—1925年道琼斯工业价格平均指数和铁路价格平均指数的图表（重绘）

附图10　工业价格平均指数收盘价折线（1904年）

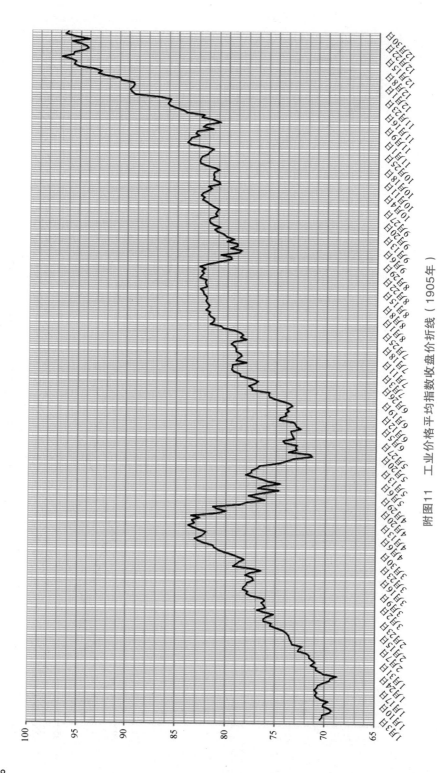

附图11　工业价格平均指数收盘价折线（1905年）

附录 1897—1925年道琼斯工业价格平均指数和铁路价格平均指数的图表（重绘）

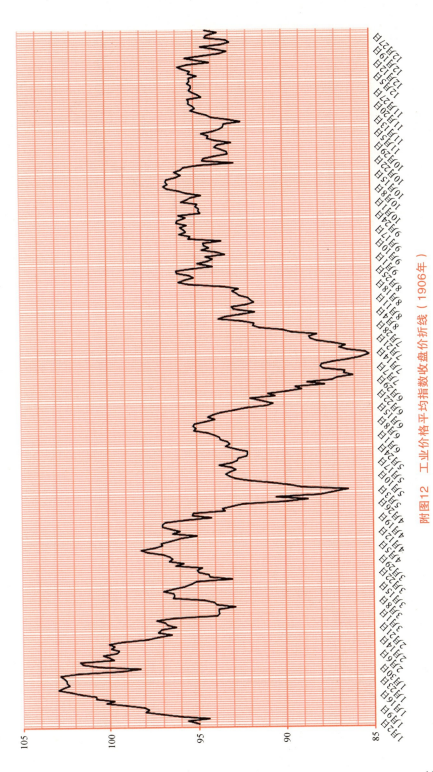

附图12 工业价格平均指数收盘价折线（1906年）

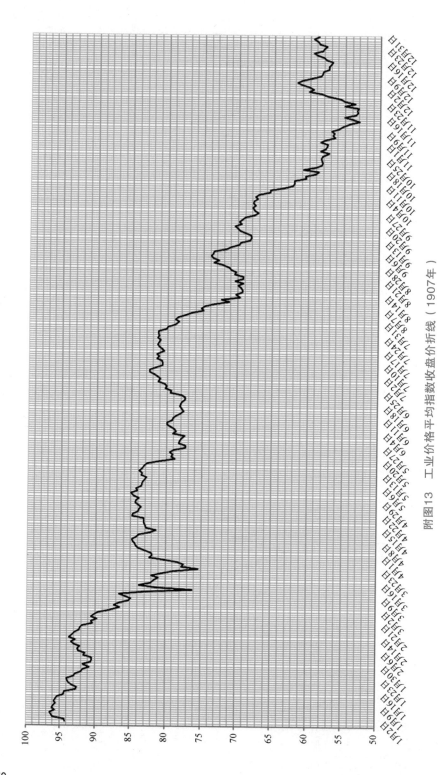

附图13 工业价格平均指数收盘价折线（1907年）

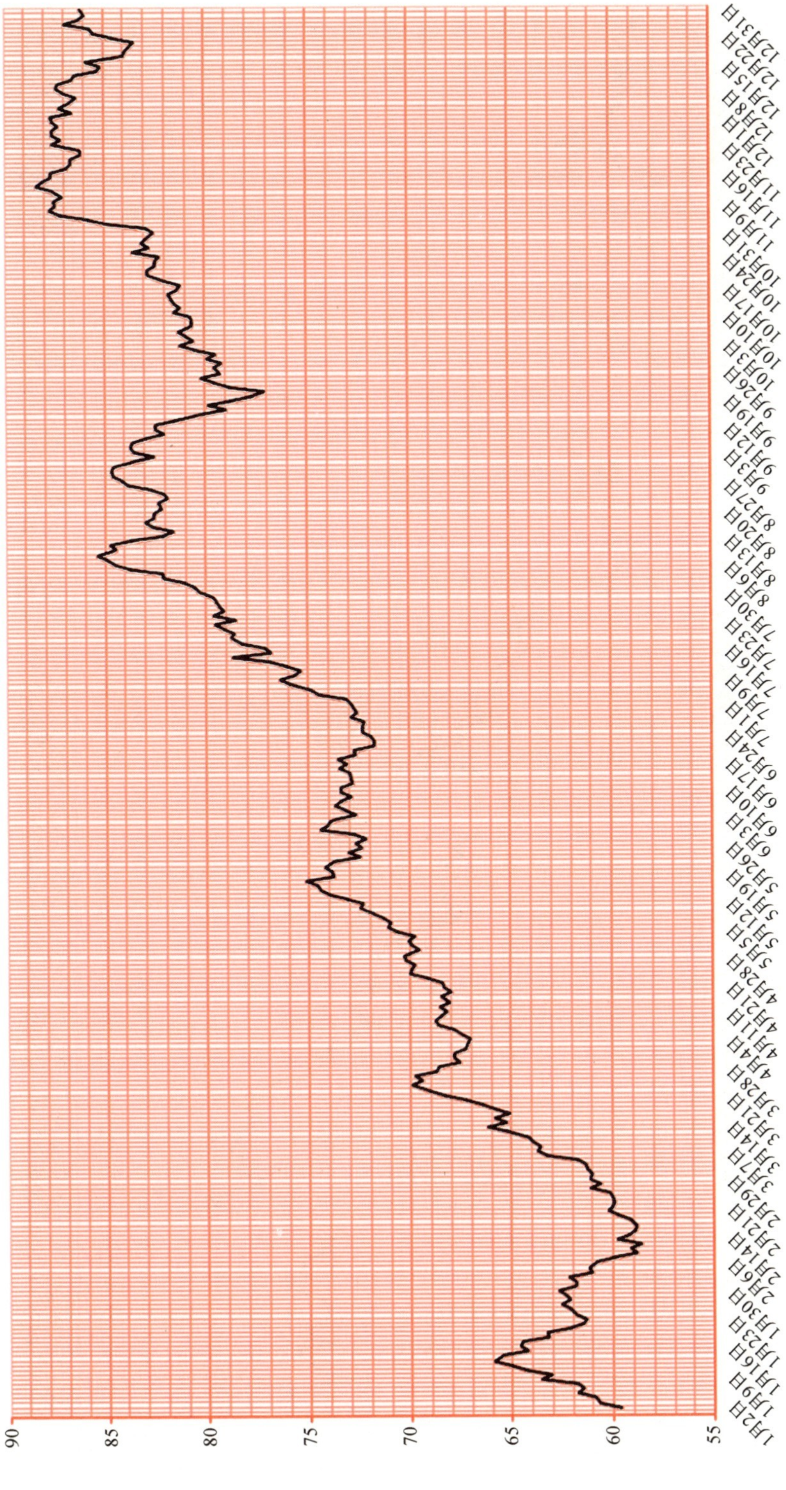

附录　1897—1925年道琼斯工业价格平均指数和铁路价格平均指数的图表（重绘）

附图14　工业价格平均指数收盘价折线（1908年）

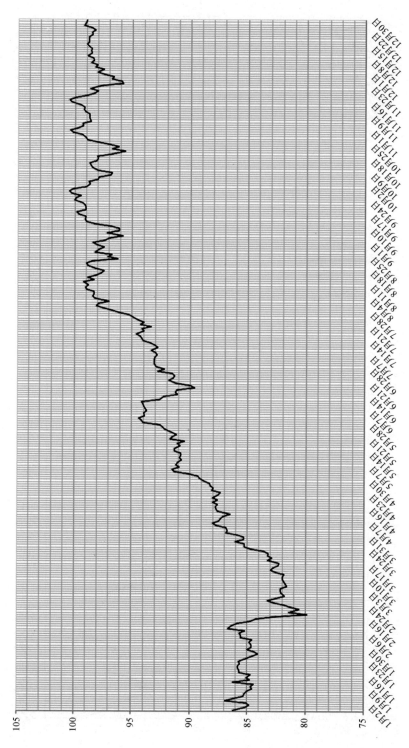

附图15 工业价格平均指数收盘价折线（1909年）

附录 1897—1925年道琼斯工业价格平均指数和铁路价格平均指数的图表（重绘）

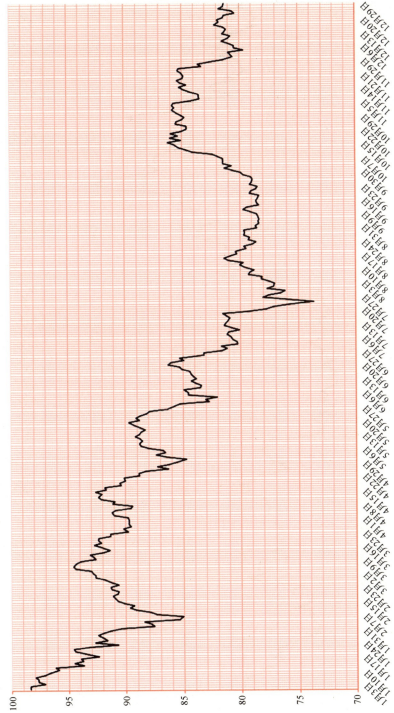

附图16 工业价格平均指数收盘价折线（1910年）

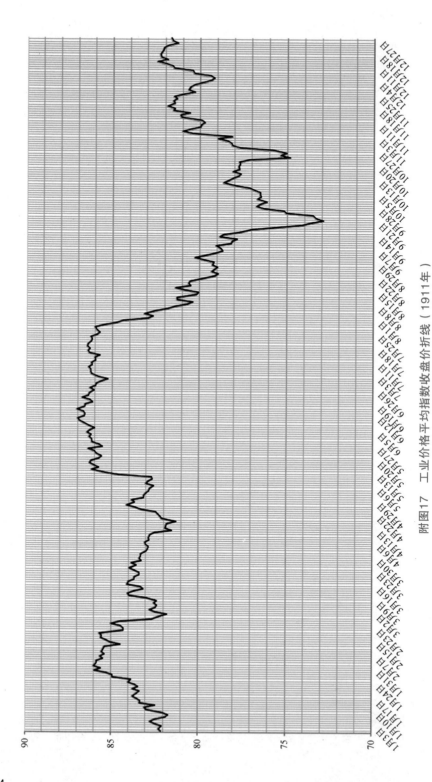

附图17　工业价格平均指数收盘价折线（1911年）

附录　1897—1925年道琼斯工业价格平均指数和铁路价格平均指数的图表（重绘）

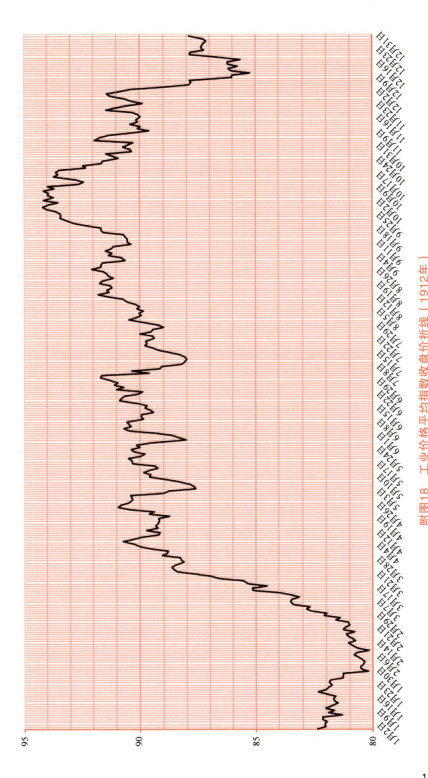

附图18　工业价格平均指数收盘价折线（1912年）

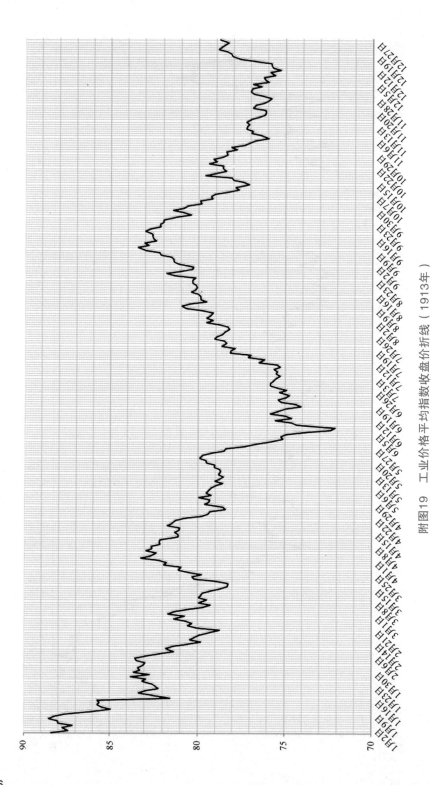

附图19 工业价格平均指数收盘价折线(1913年)

附录 1897—1925年道琼斯工业价格平均指数和铁路价格平均指数的图表（重绘）

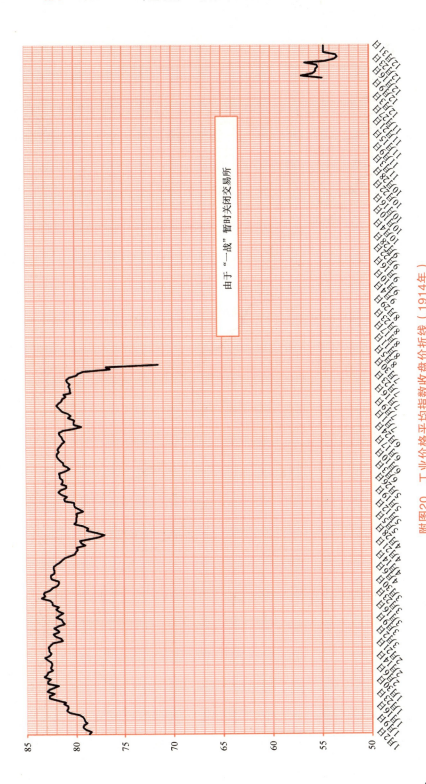

附图20 工业价格平均指数收盘价折线（1914年）

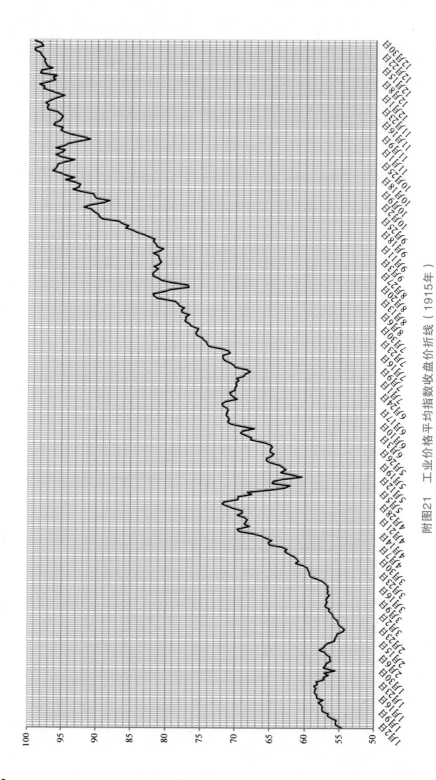

附图21 工业价格平均指数收盘价折线（1915年）

附录 1897—1925年道琼斯工业价格平均指数和铁路价格平均指数的图表（重绘）

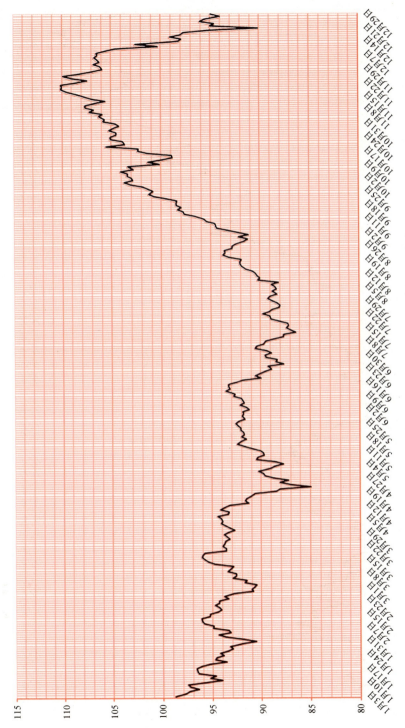

附图22　工业价格平均指数收盘价折线（1916年）

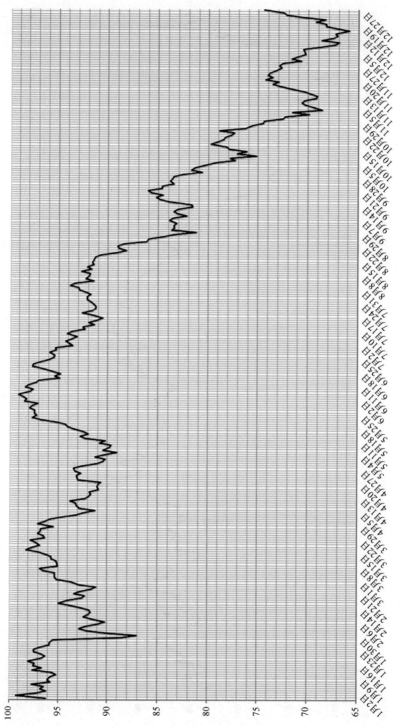

附图23 工业价格平均指数收盘价折线（1917年）

附录 1897—1925年道琼斯工业价格平均指数和铁路价格平均指数的图表（重绘）

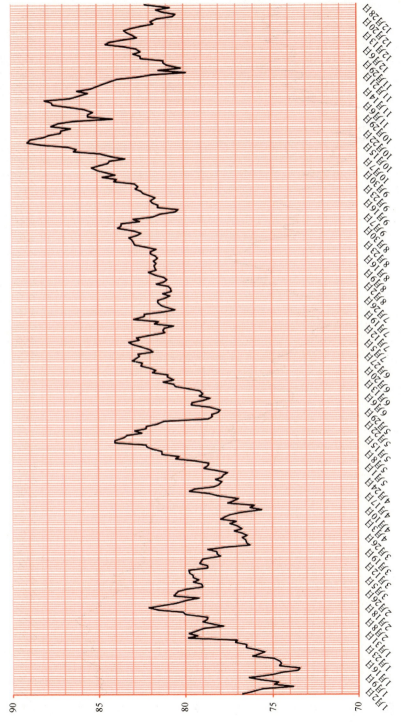

附图24 工业价格平均指数收盘价折线（1918年）

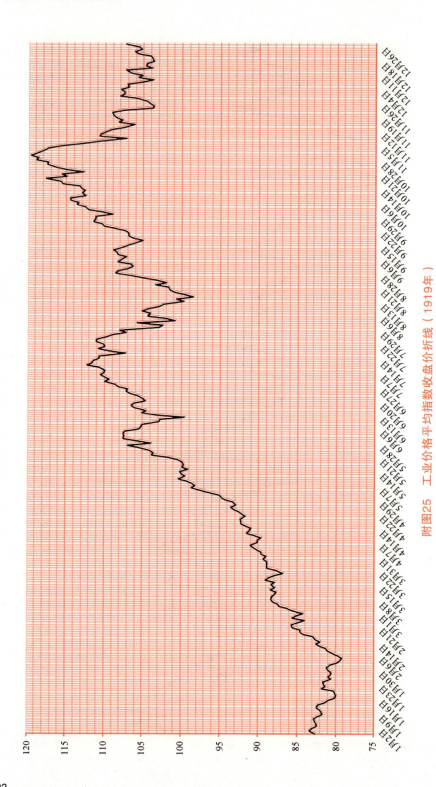

附图25 工业价格平均指数收盘价折线（1919年）

附录 1897—1925年道琼斯工业价格平均指数和铁路价格平均指数的图表（重绘）

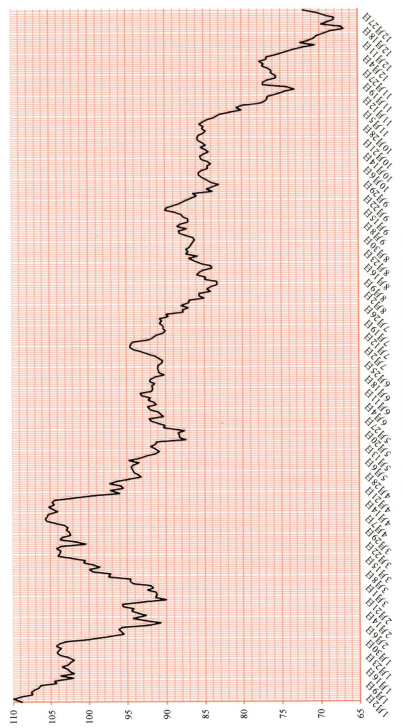

附图26 工业价格平均指数收盘价折线（1920年）

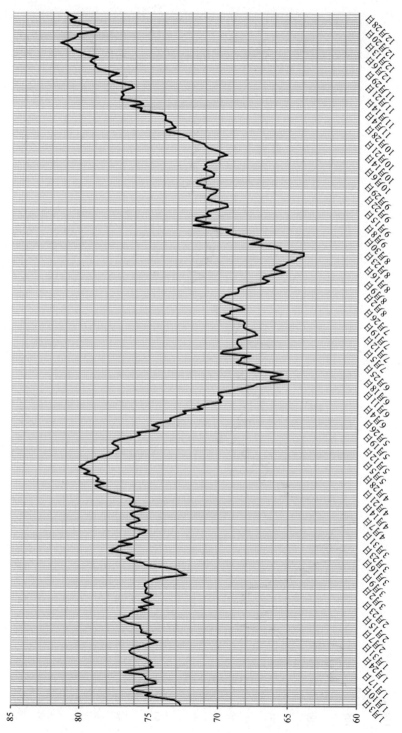

附图27 工业价格平均指数收盘价折线（1921年）

附录 1897—1925年道琼斯工业价格平均指数和铁路价格平均指数的图表（重绘）

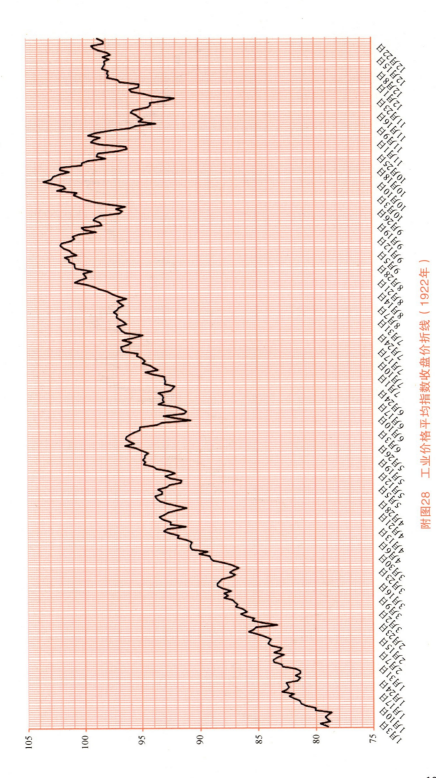

附图28 工业价格平均指数收盘价折线（1922年）

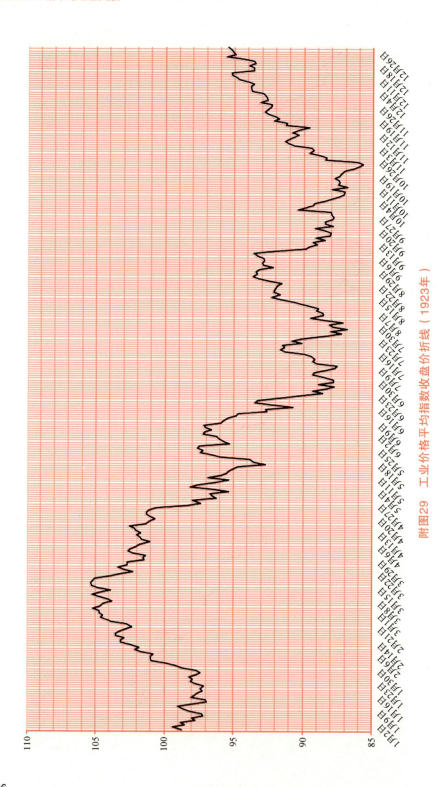

附图29 工业价格平均指数收盘价折线（1923年）

附录 1897—1925年道琼斯工业价格平均指数和铁路价格平均指数的图表（重绘）

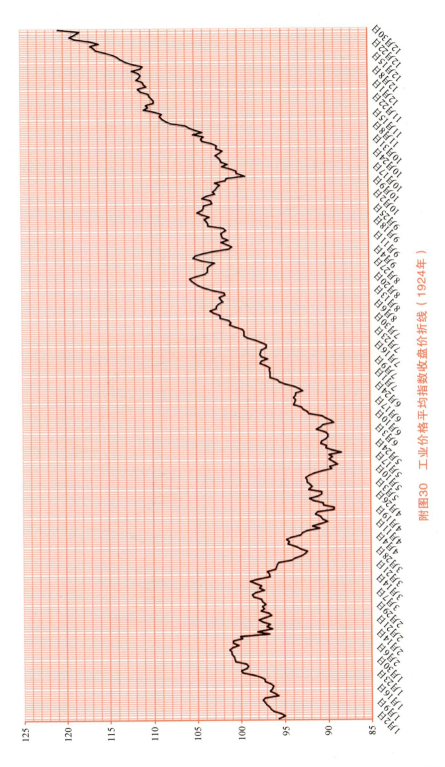

附图30 工业价格平均指数收盘价折线（1924年）

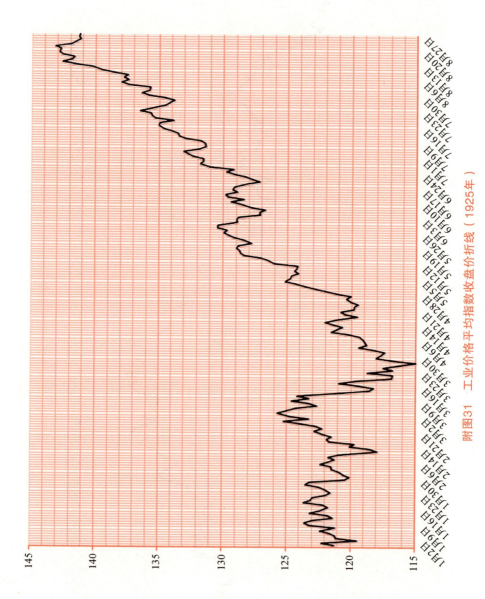

附图31 工业价格平均指数收盘价折线（1925年）

附录　1897—1925年道琼斯工业价格平均指数和铁路价格平均指数的图表（重绘）

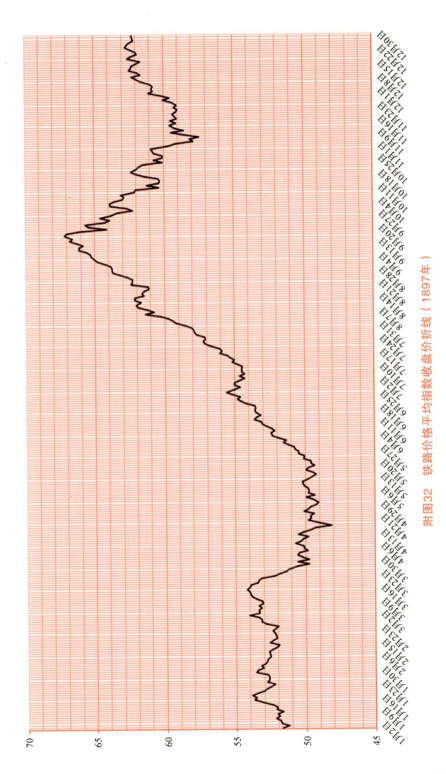

附图32　铁路价格平均指数收盘价折线（1897年）

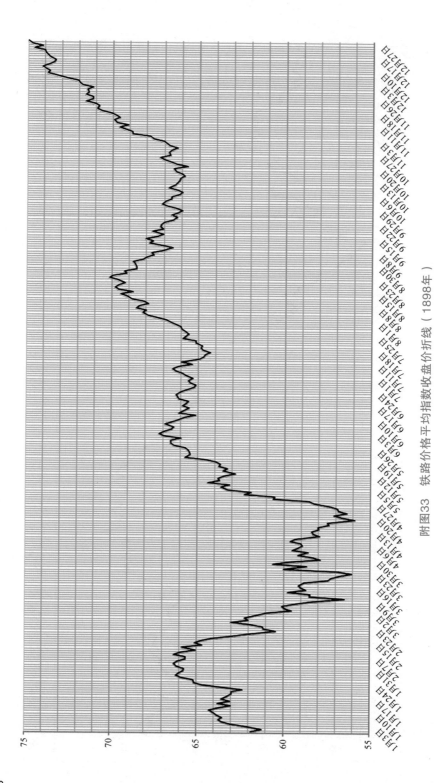

附图33 铁路价格平均指数收盘价折线（1898年）

附录　1897—1925年道琼斯工业价格平均指数和铁路价格平均指数的图表（重绘）

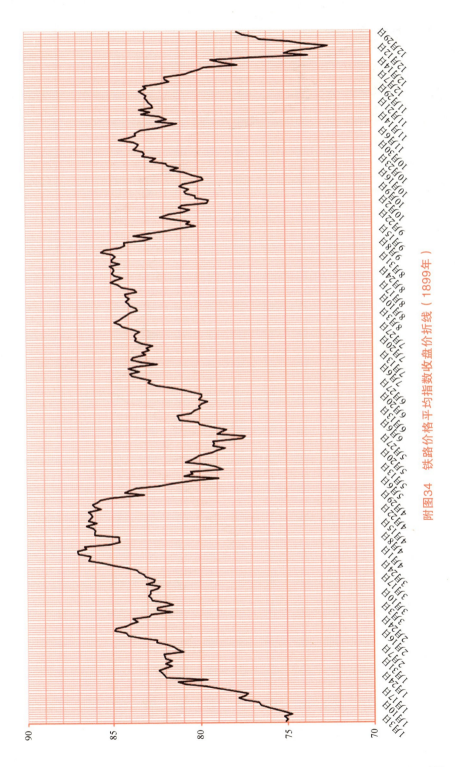

附图34　铁路价格平均指数收盘价折线（1899年）

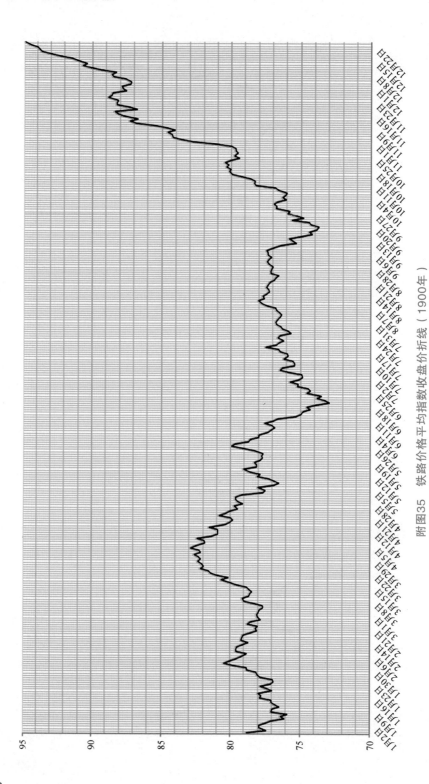

附图35 铁路价格平均指数收盘价折线（1900年）

附录 1897—1925年道琼斯工业价格平均指数和铁路价格平均指数的图表（重绘）

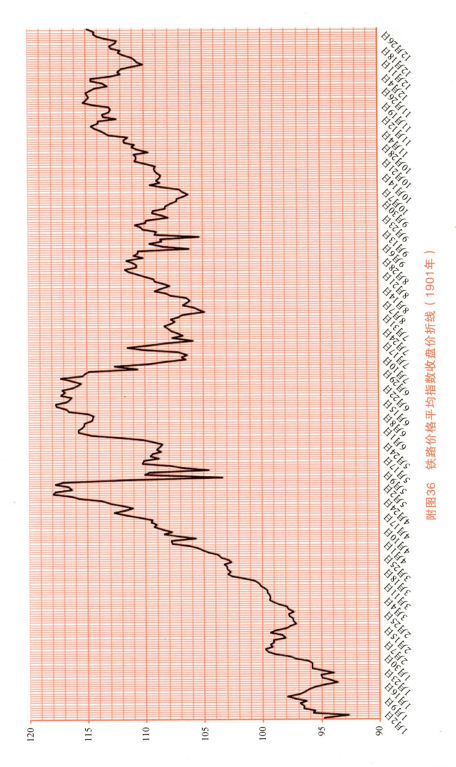

附图36 铁路价格平均指数收盘价折线（1901年）

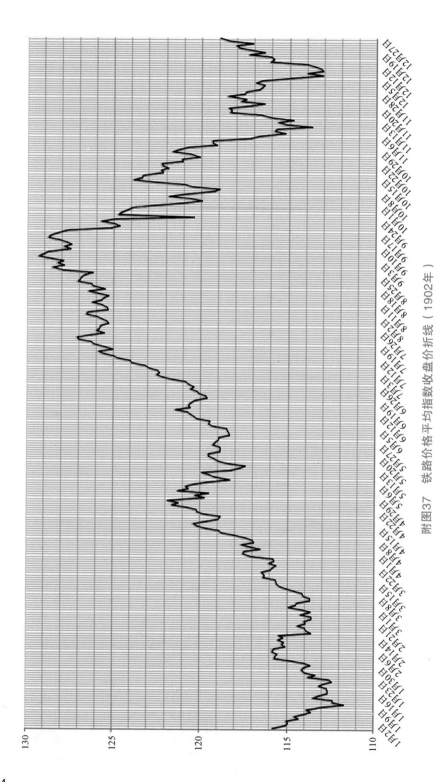

附图37 铁路价格平均指数收盘价折线（1902年）

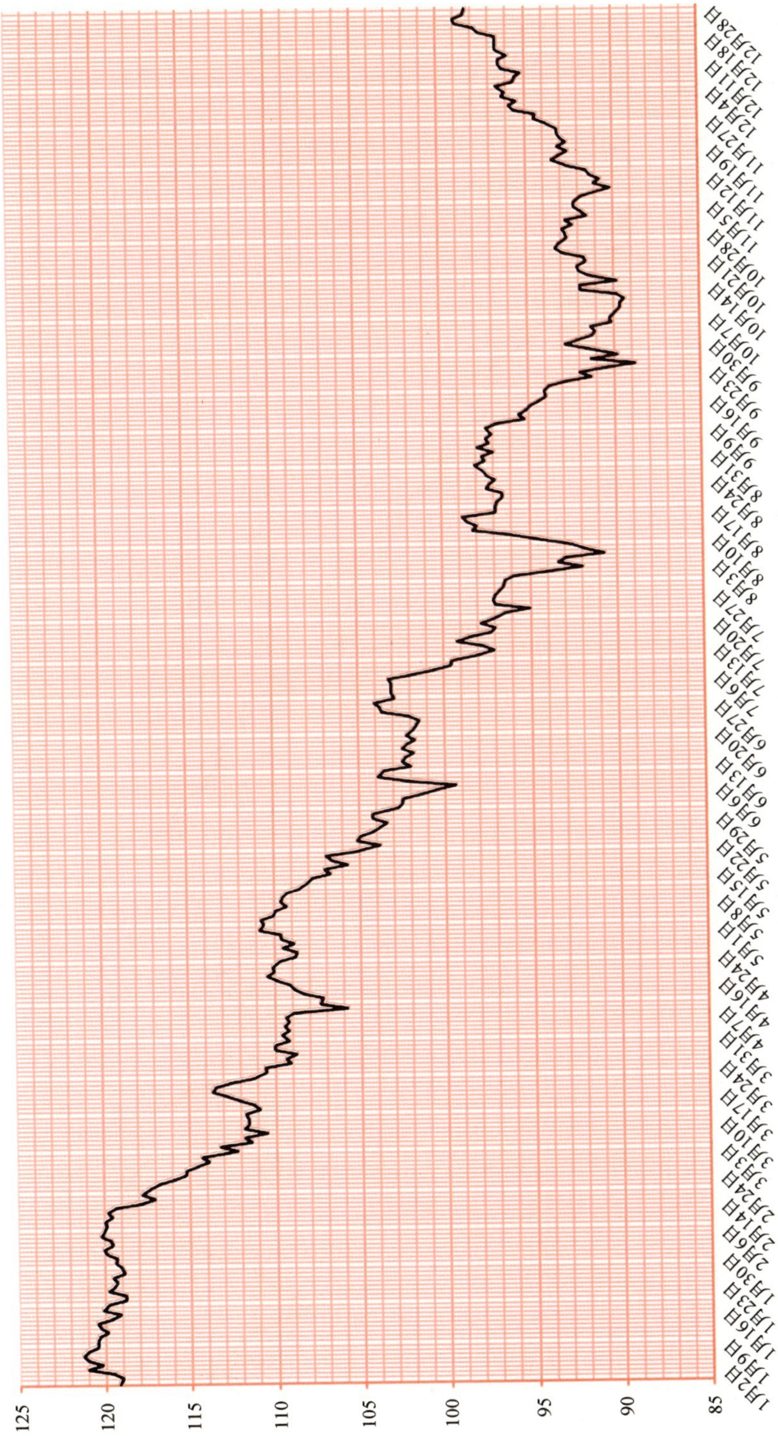

附录 1897—1925年道琼斯工业价格平均指数和铁路价格平均指数的图表（重绘）

附图38　铁路价格平均指数收盘价折线（1903年）

195

道氏理论：精华笔记图文版

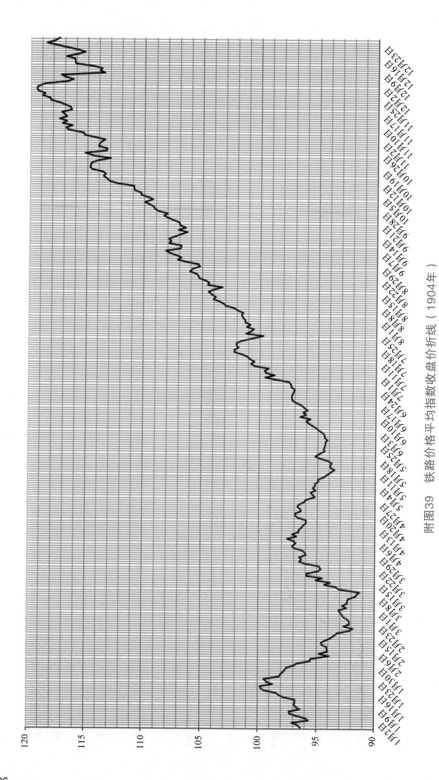

附图39 铁路价格平均指数收盘价折线（1904年）

196

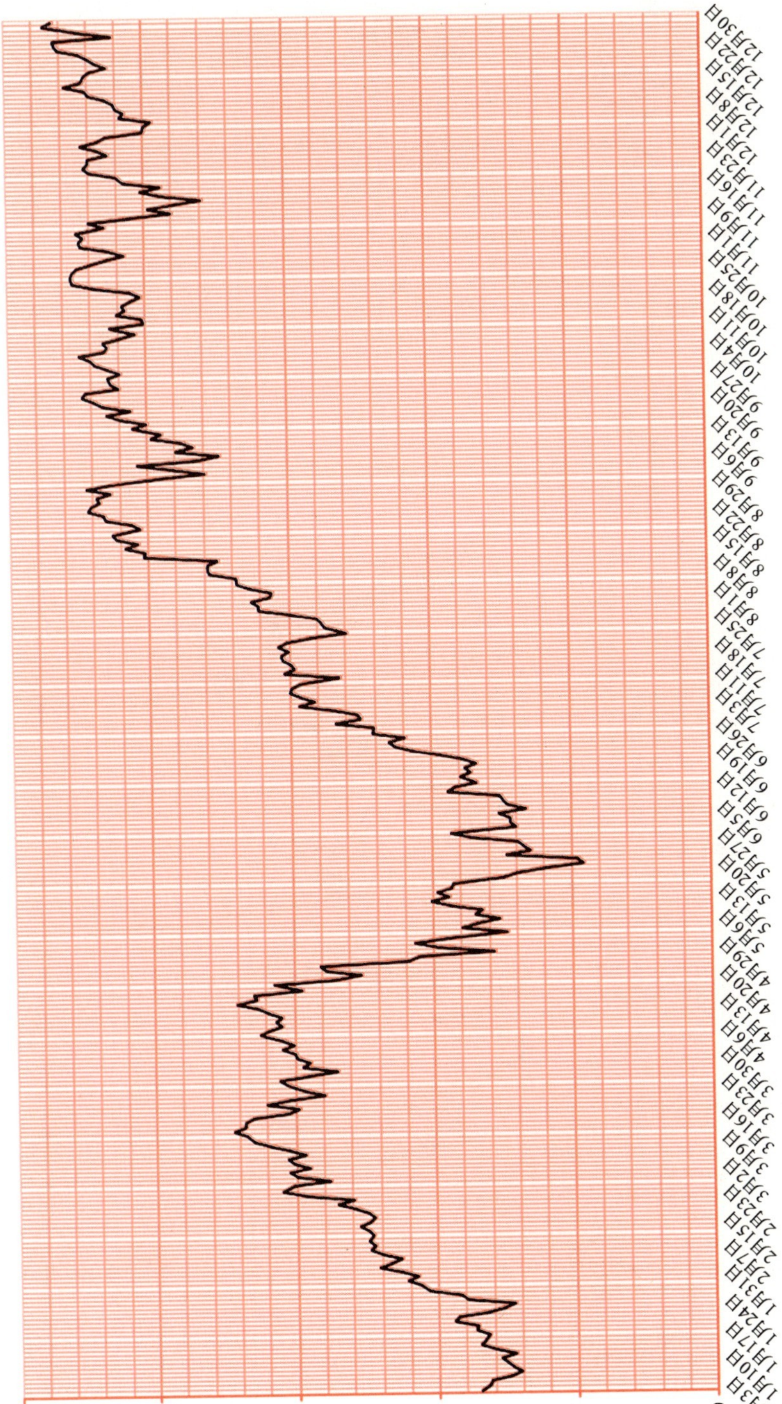

附录 1897—1925年道琼斯工业价格平均指数和铁路价格平均指数的图表（重绘）

附图40 铁路价格平均指数收盘价折线（1905年）

197

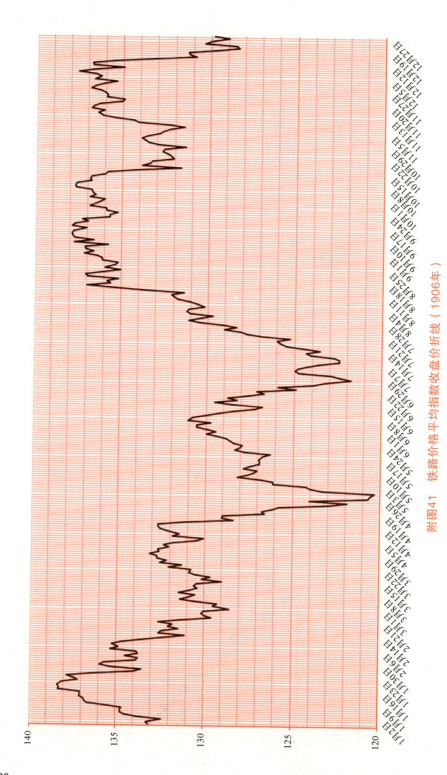

附图41 铁路价格平均指数收盘价折线（1906年）

附录　1897—1925年道琼斯工业价格平均指数和铁路价格平均指数的图表（重绘）

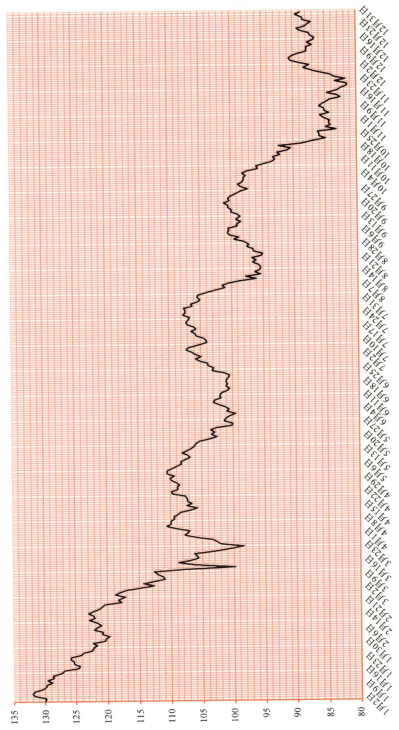

附图42　铁路价格平均指数收盘价折线（1907年）

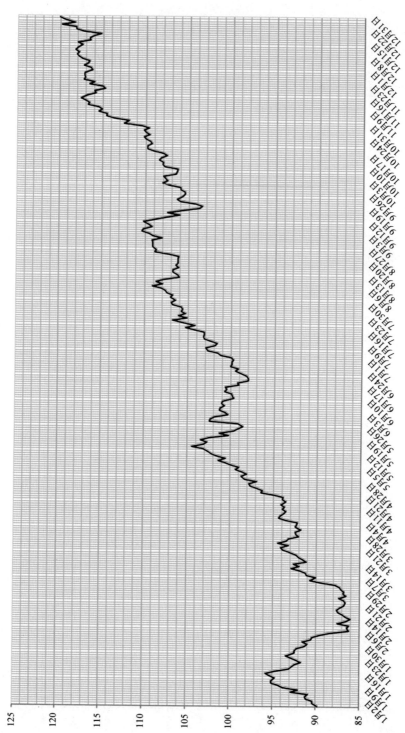

附图43 铁路价格平均指数收盘价折线（1908年）

附录 1897—1925年道琼斯工业价格平均指数和铁路价格平均指数的图表（重绘）

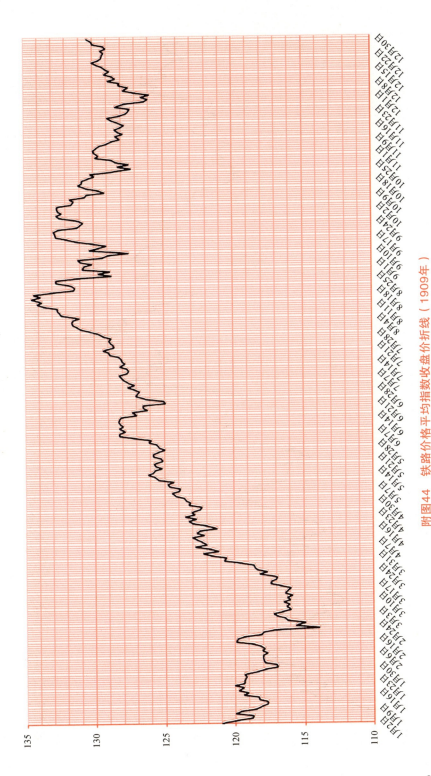

附图44 铁路价格平均指数收盘价折线（1909年）

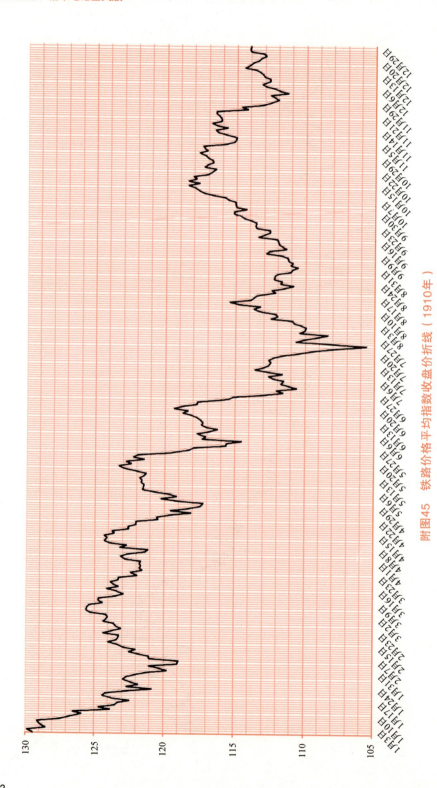

附图45 铁路价格平均指数收盘价折线（1910年）

附录 1897—1925年道琼斯工业价格平均指数和铁路价格平均指数的图表（重绘）

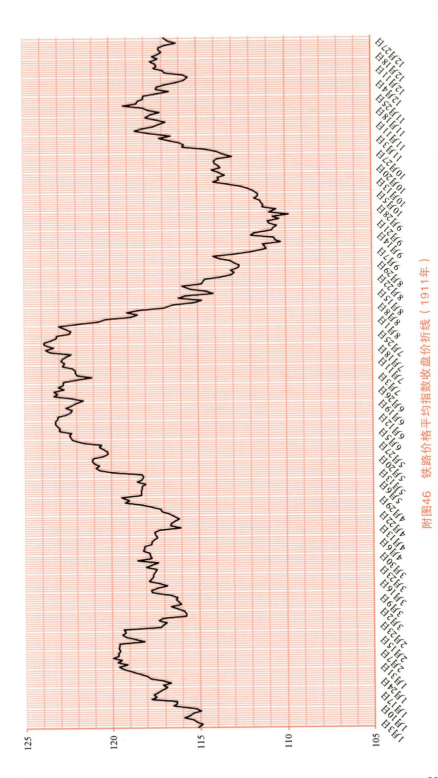

附图46 铁路价格平均指数收盘价折线（1911年）

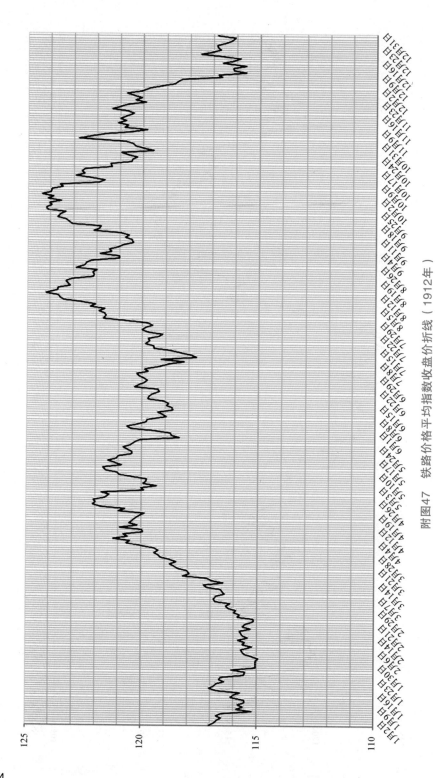

附图47 铁路价格平均指数收盘价折线（1912年）

附录 1897—1925年道琼斯工业价格平均指数和铁路价格平均指数的图表（重绘）

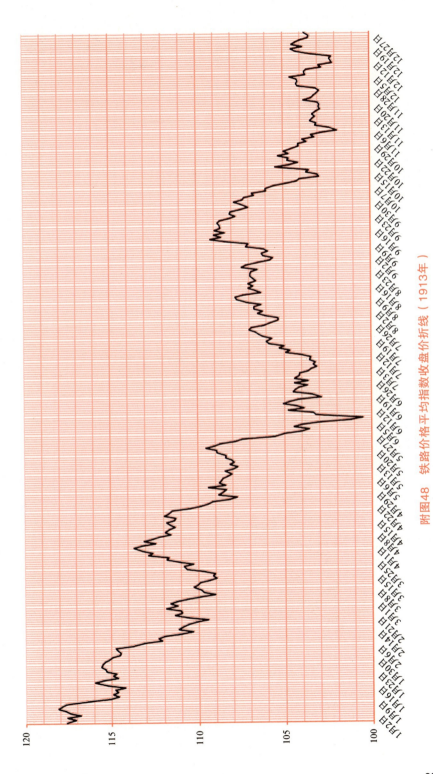

附图48 铁路价格平均指数收盘价折线（1913年）

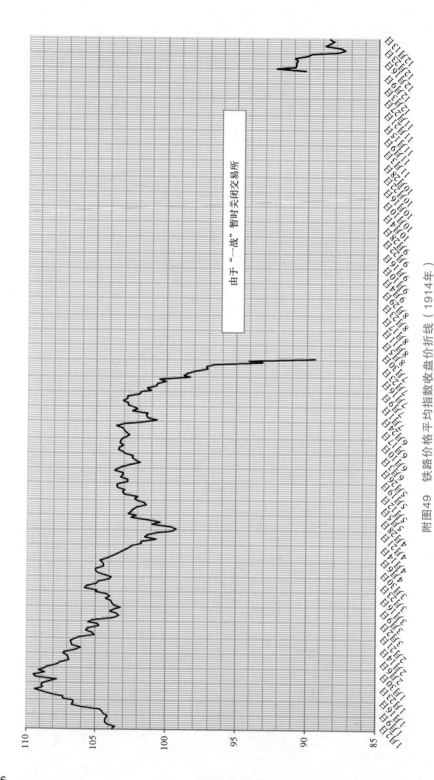

附图49 铁路价格平均指数收盘价折线（1914年）

附录 1897—1925年道琼斯工业价格平均指数和铁路价格平均指数的图表（重绘）

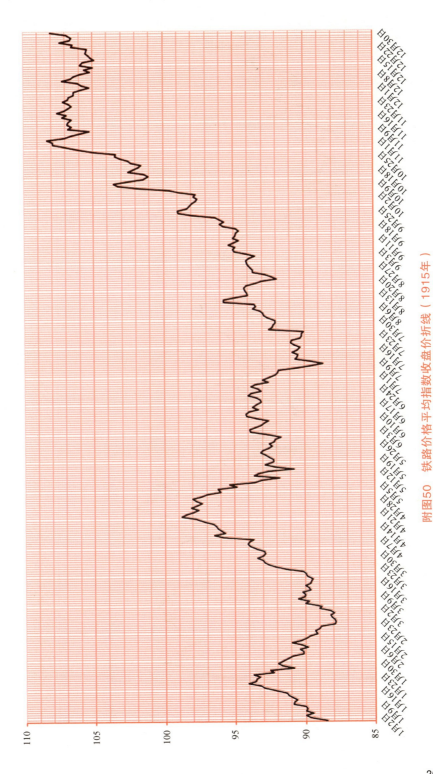

附图50 铁路价格平均指数收盘价折线（1915年）

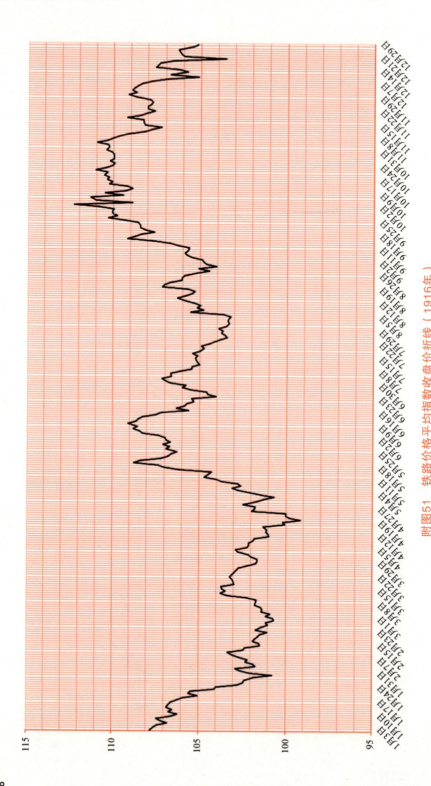

附图51 铁路价格平均指数收盘价折线（1916年）

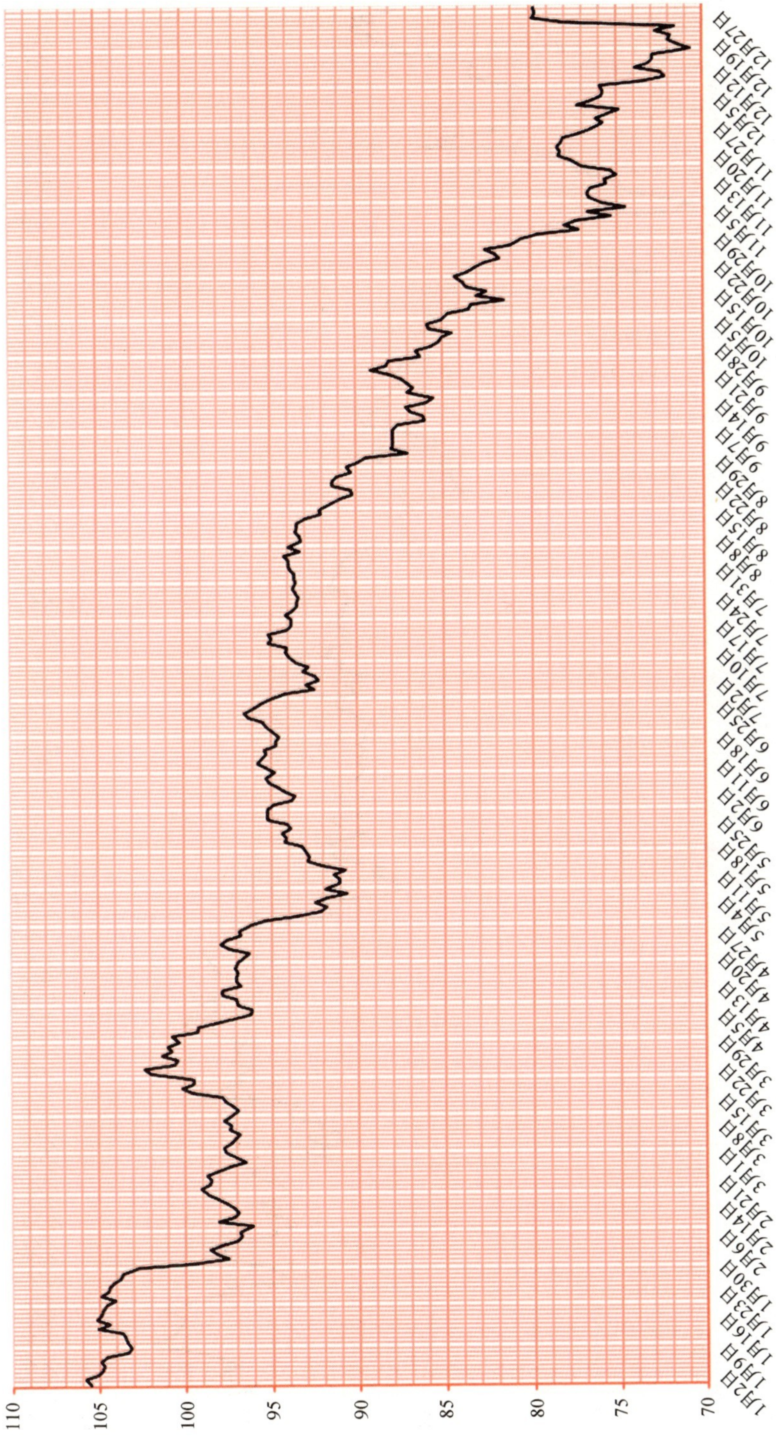

附录　1897—1925年道琼斯工业价格平均指数和铁路价格平均指数的图表（重绘）

附图52　铁路价格平均指数收盘价折线（1917年）

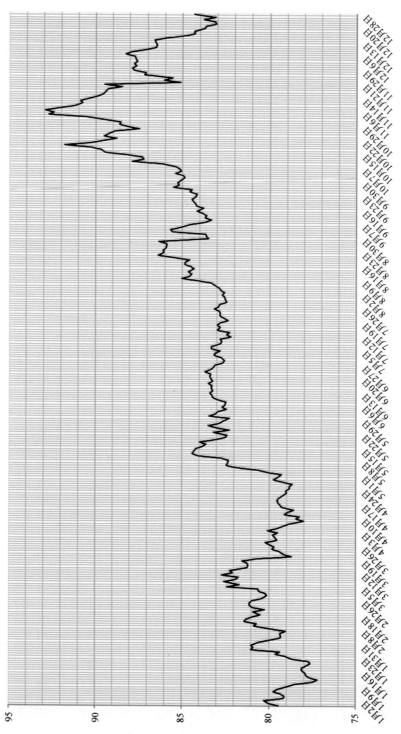

附图53 铁路价格平均指数收盘价折线（1918年）

附录 1897—1925年道琼斯工业价格平均指数和铁路价格平均指数的图表（重绘）

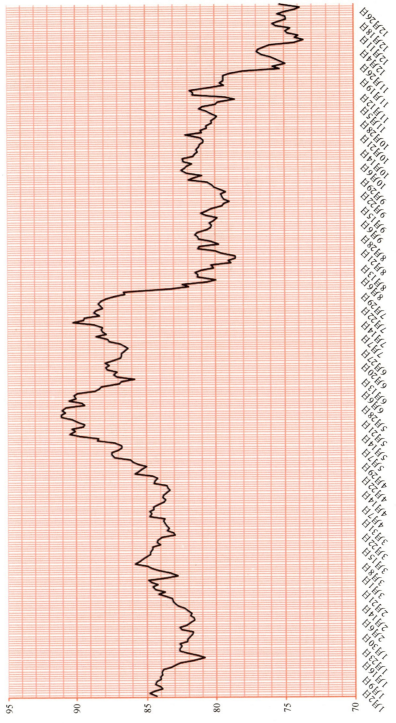

附图54 铁路价格平均指数收盘价折线（1919年）

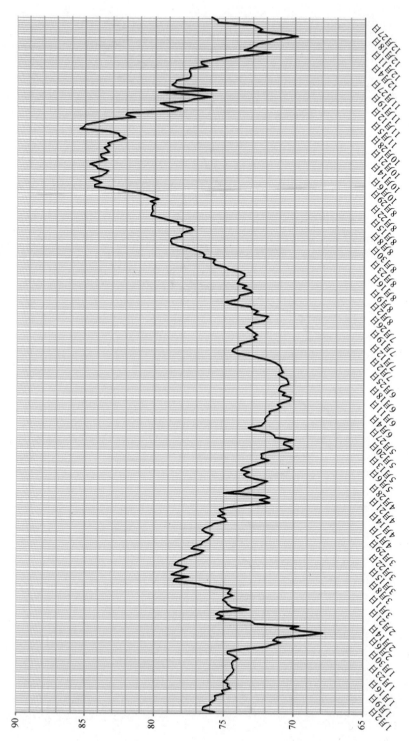

附图55 铁路价格平均指数收盘价折线（1920年）

附录 1897—1925年道琼斯工业价格平均指数和铁路价格平均指数的图表(重绘)

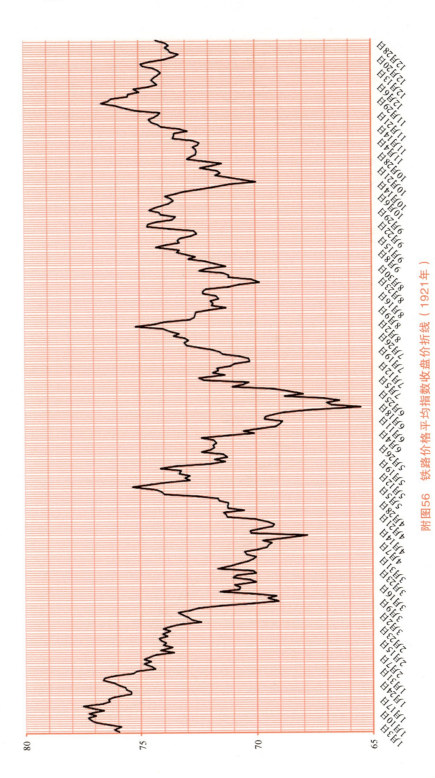

附图56 铁路价格平均指数收盘价折线(1921年)

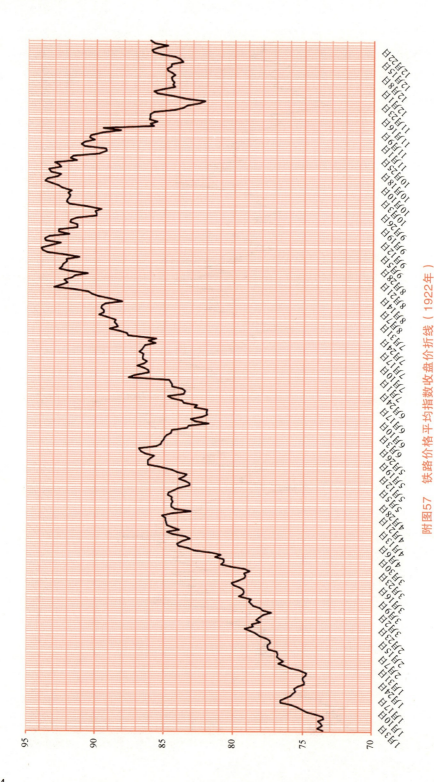

附图57 铁路价格平均指数收盘价折线（1922年）

附录 1897—1925年道琼斯工业价格平均指数和铁路价格平均指数的图表（重绘）

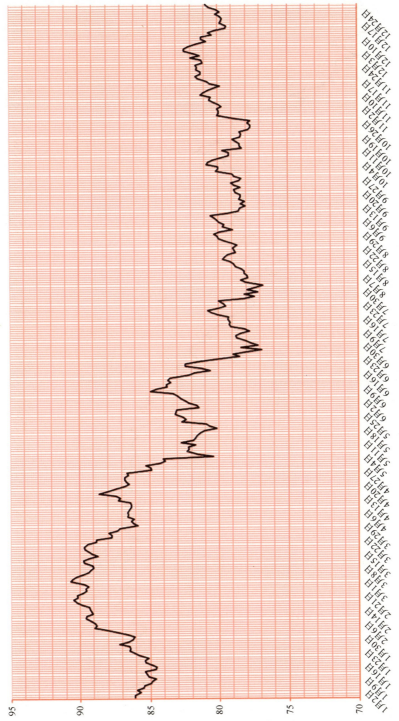

附图58 铁路价格平均指数收盘价折线（1923年）

道氏理论：精华笔记图文版

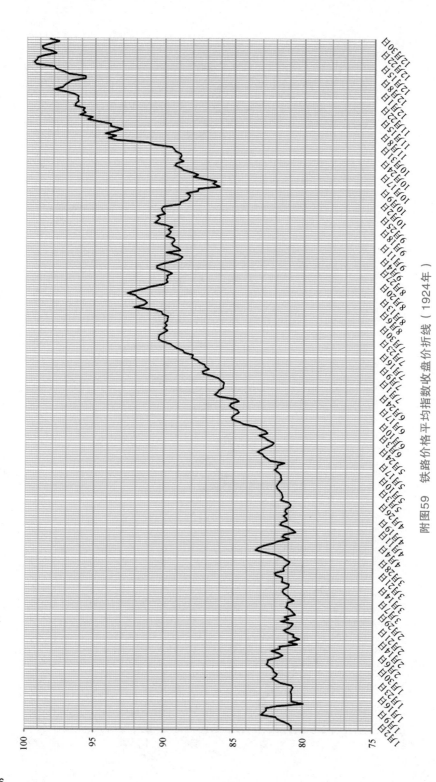

附图59 铁路价格平均指数收盘价折线（1924年）

附录 1897—1925年道琼斯工业价格平均指数和铁路价格平均指数的图表（重绘）

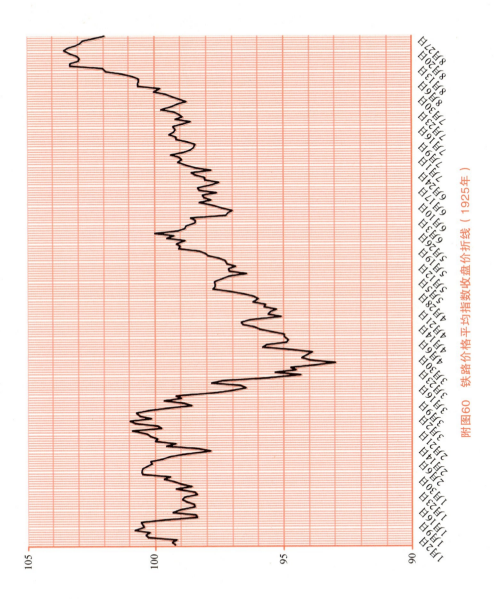

附图60 铁路价格平均指数收盘价折线（1925年）